Avraham Ibn Ezra

THE BEGINNING OF
WISDOM

亞伯拉罕・伊本・伊茲拉
智慧的開端

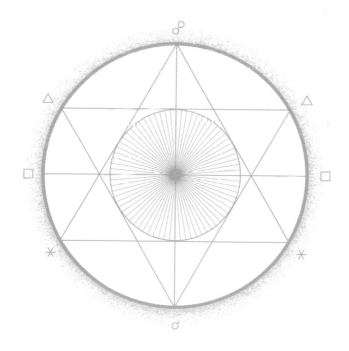

梅拉・埃普斯坦
Meira B. Epstein——英文譯註

羅伯特・漢Robert Hand——英文編註

邢 欣————————————————中文譯

目錄

智慧的開端

第一章

第二章

第六章

第七章

第八章

163

第九章

第十章

195

::: 出版序 :::

韓琦瑩

SATA 星空凝視文化事業 發行人

　　觀測星辰天象的規律運行與人類生活息息相關：時間、四季、曆法、氣候變化、地理方位劃分、農作物生長、身心健康療癒等，古人們從星辰尋求智慧的啟發，他們世代所發現累積的知識，成了所有現代科學的發源。因此，各個國家的征戰，不僅是侵佔領土、搜刮金銀珠寶、以強大武力迫使人民稱王，睿智的君王會找尋被守護的珍稀知識手稿，以他人的文明寶藏提升自身的發展。這些手稿文獻，成了跨國界的語言，人類渴求的知識之火從未熄滅。

　　歷史上有三次守護占星知識的文獻翻譯大浪潮。第一次是源自西元八世紀阿拉伯穆斯林征服近東和中東之後，阿拔斯王朝的哈里發瑪蒙（al-Ma'mun, 西元786-833年）建立的學術中心「智慧宮」，廣募學者大量翻譯古希臘、羅馬、波斯著作。這項翻譯運動使阿拉伯世界熟知托勒密的《占星四書》、《天文學大成》，以及其他的占星書籍，促使占星學知識在阿拉伯世界廣為流傳。

　　第二次是在西元十一與十二世紀，主要源自伊比利亞半島的安達盧西亞地區的「後倭馬亞王朝」（the post-Umayyads, 西元756-1031年），讓阿拉伯的知識文明透過此地傳入當時的「黑暗歐洲」。當時拉丁歐洲的學者將主要為阿拉伯文（但也有波斯文、希伯來文和希臘文）的著作翻譯成拉丁文，這些翻譯的著作讓歐洲走出教會的思想控制，也奠基了日後歐洲大學教育的成功。

　　而伊本・伊茲拉即為十一世紀末至十二世紀初期，在這波占星文獻翻譯浪潮中，承繼了阿拉伯人知識的一位偉大猶太學者。他以阿拉伯的內容為依據，也加入了自己的觀點與理論，寫了超過五十本的占星天文著作。《智慧的開端》即為他最知名的著作。

　　第三次即為從二十世紀開始的古典占星文獻復興運動，其中著名的組織為「後見之明計畫」（Project Hindsight）、ARHAT（Archive for the Retrieval of Historical Astrological Texts），此外還有許多獨立研究的占星學者。這些組織與個人持續將古典占星文獻翻譯成現代語言（主要是英文，SATA學院即為中文化的主要翻譯組織）。第三次的翻譯浪潮有一個關鍵區別，現在許多翻譯是直接來自原始語文文獻，或是某些著作有兩種以上語文文本，即希臘文、阿拉伯文、波斯文、希伯來文和拉丁文中的兩種或多種版本，進行手稿比對後以正確內容翻譯。

　　SATA學院有幸能與當代文獻翻譯大浪潮的重要學者合作，把從源語文的文獻直接翻譯的占星知識再以中文保存下來，這不僅能夠讓華文世界重新發現這門古老學問，也可以改變目前大家對占星學的理解與應用。仍需要進行的翻譯著作數量遠超過我們已完成的著作數量，守護這門寶貴的知識是一項艱鉅、甚至是長達百年以上的任務，但我們知道，要有人擔任先行者，才能薪傳知識之火炬照亮智慧的開端。

英文譯註者中文版序

　　《智慧的開端》一書是西元十一世紀的西班牙猶太學者伊本‧伊茲拉（Ibn Ezra）所著，旨在幫助歐洲猶太社區受教育的人尋求深奧知識和科學教育。當時正處於從中世紀晚期地中海地區的伊斯蘭文明向文藝復興前的歐洲轉變的时期。在這一歷史性的轉變中，本書成為占星學傳承的一座里程碑，標誌著在阿拉伯時代繁榮了幾個世紀的占星學，開始進入了歐洲的舞臺。它最初是用希伯來文寫成的，很快便被翻譯成拉丁文和法文，並在接下來的幾個世紀裡成為廣受歡迎的占星學學習资料。

　　這一傳承在占星學歷史上的地位再怎麼評價都不為過——因為伊本‧伊茲拉運用了當時他所能接觸到的所有資料，主要源于阿拉伯作者，他們自己也幫助傳承了希臘化占星的資料。伊本‧伊茲拉還接觸到了印度占星學，並經常從中引用內容。

　　此次的全新中文譯本延續了這一傳統，有助於占星知識和智慧的廣泛傳播。因此，就我個人而言，我很高興我的工作能為占星學在世界的進一步傳承做出貢獻。

梅拉‧埃普斯坦
2021年6月

⋮⋮ 中文譯者序 ⋮⋮

邢欣

　　古典占星學近來有復興之勢，越來越多的占星愛好者開始關注並學習古典占星，但可供中文世界讀者參考的相關典籍卻十分有限。自2017年來，由韓琦瑩（Cecily）老師創辦的SATA占星學院在教授古典占星學課程之餘，還發起了古典占星典籍翻譯專案，迄今為止已陸續組織和翻譯了五本古典占星著作，極大拓展了中文世界占星愛好者的視野。如果說探索古典占星奧秘的過程有些像回望黑洞洞的來路，那麼，SATA的貢獻就像在這黑暗中盡力點起一盞盞的星燈，引導有志於鑽研和傳承古占智慧的中文讀者，借助這點點星光踏上尋道之旅。從這個意義上來說，韓老師和SATA做了一件非常有意義的事情。

　　感謝韓老師對我的信任和支持。她鼓勵我加入SATA的翻譯小組，並最終將這本書的獨立翻譯工作交給了我。坦白地說，《智慧的開端》並非一本十分有趣的占星書籍，某種程度上，它對中文世界的占星讀者可能會稍顯枯燥和不太友好。因為本書的英文原版是自希伯來文版本翻譯而來，原文中有許多希伯來文詞彙，還有一些中世紀的地名、植物名稱在中文中找不到對應的十分貼切的翻譯；另外，為了忠實原著，英文版中保留了原書中的些許筆誤或錯漏，在中文譯本中也做了保留，並用括弧加以說明，這些在一定程度上都會影響閱讀的樂趣。儘管如此，本書對於西方古典占星學的愛好者而言仍然深具價值。正如羅伯特·漢在《推薦序》中所言，這是一本詳細介紹中世紀

阿拉伯占星學基礎知識的著作，不僅有關於黃道十二星座的外觀形象、神話傳說、意涵和屬性十分細緻的描寫，有中世紀學者對於宇宙和天體運行規律的觀察和思考，還有一些在其他古占典籍中難得一見的技法和見解。其中，第六章關於行星相對於太陽的位置以及相應的狀態之描述十分全面，有興趣的讀者可以仔細研究。總之，翻譯本書對我而言是一次非常難得的學習機會，過程中充滿挑戰和折磨，卻也回饋給我研究的樂趣和成就的滿足。

身為一個資深占星愛好者，不可能不去尋找和辨認這件事對於我個人的意義。我的命主星和太陽合相在水瓶座，水星與土星是太陽的三分性主星，摩羯座水星落在第9宮，學習古典占星對我而言就像找回了遺失已久的記憶。從2019年10月接下這份翻譯工作，到2020年疫情期間完成大部分的翻譯內容，再到今年的如期出版，我的個人生活也發生了巨大的轉變。此間我經歷了法達土星到木星大運的轉換，2020年底的土木大會合幾乎精准合相我的天頂，2021年的太陽回歸盤木星又精准合相本命太陽，這樣的行進仿佛是冥冥中的天啟，喚醒了我水瓶座的精神內核，改變也隨之發生。正如本書書名的寓意，一段（主流的）生命旅程的結束，也是另一段（非主流的）生命旅程的開始，智慧得以開啟，探索必將發生。帶著這樣的篤定去經歷未知的人生，何嘗不是幸運。

本書的英文譯者梅拉·埃普斯坦老師是一位在國際間非常活躍的獨立猶太占星師，也是SATA占星學院的合作授課老師。我曾經在2019年參加她帶領的星盤逆轉順預測及精神與財富工作坊，受益匪淺。梅拉老師專攻古典占星及漢堡學派，並以研究與翻譯同為猶太人的中世紀占星名家伊本·伊茲拉的著作見長。她的工作為中世紀阿拉伯占星學和猶太占星學的研究作出了重要貢獻。

　　感謝SATA各位老師和同仁給予的大力支持。尤其要感謝本書的審譯郜捷（Zora）。她是我學習古典占星的師姐，也是我的大學學妹。她的占星學理十分扎實，文字功底深厚，校訂之過程非常認真細緻，連標點符號都不放過，一些我在翻譯中似是而非的遺留問題，她都會一一考證，並多次與原作者梅拉老師郵件往來確認。可以說，沒有她的細緻工作，就不會有本書的出版。

　　希望讀者可以在閱讀本書時有所收穫。歡迎交流指正，讓我們在古典占星的學習和實踐中共同成長。

⁝⁝⁝ 推薦序 ⁝⁝⁝

羅伯特・漢

　　《智慧的開端》（*Beginning of Wisdom*）是中世紀占星文獻中極為有趣的一本著作。它不僅對阿拉伯時期的基礎占星學進行了詳細介紹，還包含了很多在其他的占星學論著中沒有涉及或言之不詳的占星知識。借此序文，我想對本書章節中的一些重點內容作簡要的概述。

　　第二章對黃道十二星座的意涵和屬性作了極為詳盡的介紹。其中，與外表（decanates）——即我們所熟知的「外觀」（faces）——相關的形象尤其有趣。伊本・伊茲拉的描述十分清晰，他認為這些形象最根本的起源是天文星座。這就產生了一個問題，即它們是否適用于現代西方所使用的回歸黃道系統（伊本・伊茲拉所處時代也使用這一系統）。這一恒星系統也可能是「光亮度數」（bright degrees）、「暗黑度數」（dark degrees）、「煙霧度數」（smokey degrees）等體系的來源，故此它們在回歸黃道系統中的應用也令人懷疑。

　　第三章對於宮位作了簡潔易懂的闡述，此外還包含了關於宮始點三分性主星的應用內容。許多這樣的內容可以在波那提（Bonatti）、卡畢希（Alchabitius）的論著中找到，且均可溯源到安達爾札嘎（Allendezgod）的論述。然而，這一內容出現在伊本・伊茲拉的著作中顯示，它在中世紀占星學中屬於主流，儘管在現代占星學中已很少被提及。

　　第五章非常詳細和全面地介紹了行星的偶然尊貴，諸如行星自其在軌道所處位置上升、相對太陽的位置（東出或西入），以及它們

與其他行星形成的相位關係。其中關於行星增光與減光、運行數字與數據的增加與減少（increasing and decreasing in number and calculation）的內容，與阿布・馬謝（Abu Ma'shar）的著作《占星學入門節本》（*Abbreviation of the Introduction to Astrology*）[1]一致，但伊本・伊茲拉進一步介紹了它們在占星學中的應用。

第六章延續了第五章的內容，並詳述了它們的應用層面。其中，關於行星相對於太陽的星象（the phases of the planets）之闡述十分全面，遠比後世作者僅僅區分東出和西入要精密得多。

第七章列舉了落在星座中的行星之間形成的各種相位關係。這部分內容是對於拉丁化阿拉伯術語*Alıtıfal*（該詞有多種拼寫形式）——即波斯-阿拉伯系統中的入相位和離相位——的深入闡述。同時我們也看到關於各種容納關係的描述，除本書外，這一內容只能在阿布・馬謝的著作中看到。

第八章是有趣的占星判斷法則集合。早期中世紀占星學普遍不接受跨星座相位（out-of sign aspects），但這章提供了一個例外。詳見判斷法則第35條。

在第十章中，我們能瞭解有關何時以何者、何種方式做推進（direct）的一般性法則，此外還有其他內容。除阿布・馬謝的著作以外，這是少數幾部討論到波斯世運和歷史占星學（mundane and historical astrology）基礎法則的文獻之一[2]。遺憾的是，伊本・伊茲拉的論述仍是點到為止，我們原本期待可以看到更多。

---

1 ｜由ARHAT出版社出版的此書譯本可供參考。

2 ｜見大衛・賓格瑞（David Pingree）著《阿布・馬謝千年論》（*The Thousands of Abu Ma'shar*）（倫敦：瓦爾伯格學院[Warburg Institute]，1968年），其中內容更完整，但可惜仍很粗略。

　　寫在最後的話：《智慧的開端》僅僅是一本占星學的介紹性書籍。正如梅拉・埃普斯坦在她的《前言》中所說，這本書不僅僅是智慧的開端，如果將伊本・伊茲拉的全部著作合而為一，那麼本書就是這部「占星學大全」的開端。我們要做的就是將這一系列著作中的更多內容陸續呈現出來。

前言

梅拉・埃普斯坦

　　亞伯拉罕・伊本・伊茲拉（西元1089-1164年，西班牙）拉比（譯註：猶太律法對於合格教師的稱呼）是一位博學的猶太學者，他於西元1148年撰寫了占星學基礎教科書《智慧的開端》。這是他最著名的占星學著作，幾個世紀以來被不斷翻印，並譯成多種歐洲語言。他還著有其他一些占星學專著，其中之一是我曾為古典占星復興計畫——「後見之明」（Project Hindsight）翻譯的《緣由之書》（*The Book of Reasons*）。此書是伊本・伊茲拉對《智慧的開端》一書的附加說明，但就其自身價值而言也可獨立閱讀。這兩本書都展示了作者的機智、思辨和個人風格。我在《緣由之書》的序言中對伊本・伊茲拉的個人生活和其他作品有更廣泛的闡述。

　　我經常被問及關於猶太占星學，尤其是與伊本・伊茲拉相關的問題。我認為，他的著作屬於傳統的阿拉伯占星學，既非卡巴拉的（Kabbalistic）也非宗教的。誠然，他的猶太特性不時在字裡行間閃現，在《緣由之書》中更加明顯，我稱之為塔木德式風格（譯註：Talmudic，指猶太法典《塔木德經》）。他也曾為《聖經》寫過評註，其中包含了談及占星學的內容，我希望下一階段可以研究並翻譯它。

關於翻譯

　　本書翻譯自1939年由約翰斯・霍普金斯大學出版社（Johns Hopkins University Press）出版的利維-坎特拉（Levy-Cantera）

希伯來文版本。該出版物收錄了他們從幾份手稿中編輯的希伯來文文本、1273年由猶太人哈金（Hagin de Juif）翻譯的《智慧的開端》法文文本，以及他們自己翻譯的英文文本。本書出版之前，對於想研究伊本・伊茲拉占星學著作的英文讀者來說，利維-坎特拉的版本仍是唯一的資料來源。閱讀此譯本時我明顯感受到，這部著作應當由一位占星師來重新翻譯，如此才能使原始的占星學資料煥發生機，使特定的占星學術語得到解讀，並可精簡相關內容以方便現代占星師使用。

我要指出，《恆星的名字：它們的傳說與意涵》（*Star Names, Their Lore and Meaning*）一書是我翻譯本書時的特別參考文獻。此書由理查德・欣克利・艾倫（Richard Hinckley Allen）於1899年編寫，沒有它，我不可能完成第二章關於星座及它們的各個偕升天文星座（co-rising constellations）的翻譯。感謝戴安娜・羅森伯格（Diana Rosenberg）將它介紹給我，並重新燃起了我對於恆星的興趣。初讀本書時，書中關於十二星座、天文星座及其外觀的描述對我而言相當陌生，仔細查詢了艾倫的書籍後，大部分問題才迎刃而解。基於阿拉伯科學也是伊本・伊茲拉主要參考來源的假設，我在翻譯中主要使用了艾倫的書引用的阿拉伯和其他早期來源。我在註解中也廣泛引用了艾倫的書，以「*S.N.*」標註。

在列出天文星座或星群及恆星的名稱時，我沿用了艾倫使用的首字母大寫格式（譯註：本中文版中，當天文星座、星群、恆星的名稱在文中不易分辨時，以粗體字表示），以使閱讀更流暢。在其他地方，如伊本・伊茲拉使用的名稱可被識別為已知的恆星／天文星座或與它們相關時，我也延用了這個模式。為了區別回歸黃道的星座（譯註：即占星學中的十二星座）和天文星座，我用牡羊座（Aries）代表回歸黃道的星座，用公羊（Ram）代表天文星座；金牛座（Taurus）

指回歸黃道的星座，公牛（Bull）指天文星座；雙子座（Gemini）指回歸黃道的星座，雙生子（Twins）指天文星座，等等。

說明

正文內方形括弧 [ ] 中是我在翻譯時增加的文字，以在保留原始文本的同時使閱讀更流暢，或在個別地方補充明顯被遺漏的占星術語。雙重方形括弧 [[ ]] 用於標示在利維 - 坎特拉的版本中用單括弧 [ ] 增加的部分。圓括弧 ( ) 則用於文本即時註解，而不是常規的註腳。

十二星座與行星的希伯來文名稱
十二星座

牡羊座，*Taleh* —— טלה。意為：羊羔、小羊。

金牛座，*Shor* —— שור。意為：公牛。這個詞的詞根與「看見」或「看」（*shur* שור）、「歌唱」（*shir* שיר）、「一條線」或「行」（*shura* שורה）有關，也可能與「直的」（*yashar* ישר）有關。

雙子座，*Te'omim* —— תאומים。意為：雙生子。

巨蟹座，*Sartan* —— סרטן。意為：螃蟹。

獅子座，*Ari'eh* —— אריה。意為：獅子。

處女座，*Be'tula* —— בתולה。意為：處女。

天秤座，*Moznayim* —— מאזניים。意為：天平。詞根與「平衡」相同。

天蠍座，*Akrav* —— עקרב。意為：蠍子。

射手座，*Kashat* —— קשת。意為：弓箭手。

摩羯座，*Gdi* —— גדי。意為：山羊，或者甚至是山羊羔、小山羊。

水瓶座，*Dli* —— דלי。意為：水桶。詞根與動詞「汲水」相同。

雙魚座，*Dagim* —— דגים。意為：魚。

行星

土星：*Shabtai* —— שבתאי，詞根「שבת」也指星期六（*Shabat*），意為「停止行動」——恰當地描述了土星的效應。在現代希伯來文中關於「罷工」或者「停止工作」的詞彙是 *shvita*（שביתה），也出於同一詞根。始終是陽性的。

木星：*Tzedek* —— צדק，意為「正義」。詞根與表示「正確或正義」的其他詞彙相同。始終是陽性的。

火星：*Ma'adim* —— מאדים，意為「紅色」。詞根「אדם」很可能與「血」的意思相關。有趣的是，在「人」（adam —— אדם）一詞以及「地球」（adama —— אדמה）一詞中出現了相同的詞根。始終是陽性的。

太陽：*Shemesh* —— שמש 或 Hama חמה。 大多數情況下是陰性的。

金星：*Nogah* —— נגה。意為「美麗而明亮的光」。始終是陰性的。

水星：*Kohav Hama* —— כוכב חמה。這個短語意為「太陽之星」。有時也僅寫為 *Kohav*。始終是陽性的。

月亮：*Yare'akh* —— ירח。同樣是這個詞，讀音不同時（*Yerakh*）意為「月」（譯註：指計時單位）。是陽性的。另一個希伯來文名稱為 *Levana* —— לבנה，意為「白色」。是陰性的。

參考書籍

Ibn Ezra, The Book of Reasons. Translated by Meira B. Epstein,Published by Golden Hind Press, Berkeley Springs, WV For Project Hindsight, November 1994.

Claudius Ptolemy, Almagest. (2nd century C.E.) Translated by R.Catesby Taliaferro. The Great Books of The Western World series. Published by the Encyclopedia Britannica, Vol. 16.

Claudius Ptolemy, Tetrabiblos. (2nd century C.E.) Translated from the Greek paraphrase of Proclus by J. M. Ashmand, 1822. Printed in 1917 by W. Foulsham & Co., London. Republished in 1969 by Health Research, 70 Lafayette St., Mokelumne Hill, California 95245.

Firmicus Maternus, Ancient Astrology, Theory and Practice. (334 C.E.) Translated by Jean Rhys Bram of the Classics Department at Hunter College New York, April 1975. Published by Noyes Press, Park Ridge, New Jersey.

Al-Biruni, The Book of Instruction In The Elements of The Art of Astrology. (1029 C.E.) Translated by R. Ramsey Wright, University of Toronto Published 1934, London, Luzac & Co., 46 Great Russell St., Ballantrae Reprint, 10 George Street North, Brampton, Ontario, L6X 1R2, Canada.

William Lilly, Christian Astrology. Originally published by Partridge & Blunder, London 1647. Facsimile reproduction 1985 by Regulus Publications Co. Ltd. Third edition. ISBN 0-948472-00-6, 0-948472-01-4.

Richard Hinckley Allen, Star Names, Their Lore and Meaning. Republished from a 1963 edition by Dover Publications, Inc. 180 Varick St. New York. ISBN: 0-486-21079-0 Library of Congress Catalogue Card Number: 63-21808.

Vivian E. Robson, The Fixed Stars & Constellations In Astrology. First published 1923. The Aquarian Press, 1969. Wellingborough, Northamptonshire, UK ISBN 0 87728 232 3 (USA), 0 85030 4636 (UK)

Robert Zoller, The Lost key To prediction: The Arabic Parts In Astrology. First published 1980 by Inner Tradition, 377 Park Avenue South, New York, NY 10016 ISBN 0-89281-013-0(paperback).

Nicholas Campion, The Book of World Horoscopes. First edition 1988, Aquarius Press, ISBN 0-85030-527-6. Second edition 1995.

Cinnabar Books, ISBN 1-898495-01-7.

智慧的開端

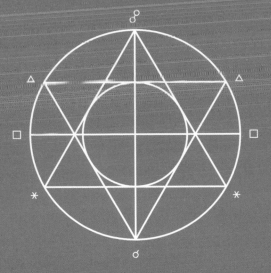

[引言]

　　智慧的開端是敬畏上帝，此乃訓誨[1]。當一個人不依其所見和所想去滿足[俗世的]欲望，他便有了智慧。此外，對上帝的敬畏會保護他終身免受天的定律（the laws and ordinances of the heavens）的懲罰，當他的靈魂與肉體分離時，這(對上帝的敬畏)將賦予他永恆，使他得以永生[2]。在此，我會根據古人世代遵循的法則詮釋天的定律。完成此書後，我還會寫一本解釋其緣由的書[3]。

　　願上帝賜予我助佑，阿門。

---

1 | 此處 *hochma*（חכמה）一詞意為智慧，也可指代科學和學習。事實上，伊木・伊茲拉在此略微改寫了《聖經》中的一節，即《舊約・箴言》9:10：「敬畏上帝是知識和智慧的開端，愚妄人藐視訓誨。」也可理解為「……智慧的知識……」。「訓誨」取自利維-坎特拉在另一份手稿的註腳中使用的 *mu'sar*（מוסר）一詞，但他們在文本中卻用了 *mosad*（מוסד），意為基礎。我選擇用 *mu'sar*，因為我在翻譯《緣由之書》時已發現，引用《聖經》中的詞句是伊本・伊茲拉的典型風格，他的個人哲學觀——將宗教信仰與占星知識相調和——也充分揭示了這一特徵。
2 | 我們將希伯來文及其英譯文本與阿巴諾的彼得（Peter of Abano）的拉丁文文本進行全文通校。拉丁文文本的開頭譯成英文是這樣寫的：「對上帝的敬畏將保護他免受[星辰]與命運的傷害，直到生命的盡頭。因此在[靈魂]與肉體分離後，[對上帝的敬畏]將令其靈魂成為未來永生的繼承人」。[羅伯特・漢]
3 | 指《緣由之書》。

全書十章概述

第一章[介紹]大圈（the wheel，譯註：天球或天空）的構成、它的各個部分、其中的星座及形象；七大行星、它們的高度與力量、它們的運動以及主管關係。

第二章[描述]黃道十二星座的影響[4]、其赤經上升（ascension）、它們的作用、與[恒]星的融合（co-mixture），以及它們的形象。

第三章[介紹]以度數計算的相位、大圈象限的影響以及十二個宮位。

第四章[闡述]七大行星[5]的自然屬性，它們的影響及其所代表的地球萬物。

第五章[介紹]行星，[根據它們的宮位和相位]討論它們的力量增強或減弱的狀況。

第六章[論述]行星自身的力量——[根據它們在軌道上的運動和位置]，[以及]相對於太陽的前後位置來判斷。

第七章[論述]行星之間形成的各種相位、它們的會合、融合、分離、有關它們力量彼此融合的一般法則，以及所有這些的意涵。

第八章[介紹]在卜卦盤、本命盤以及週期盤[6]中對行星的判斷。

第九章[闡述]行星特殊點、宮位的特殊點以及占星師們曾提及的其他特殊點。

---

4 ｜此處 ko'akh（כח）一詞通常意為「力量」或「強度」，在文本許多地方也用來表示占星學上的「影響」或「作用」。需要根據上下文選擇翻譯詞彙。

5 ｜此處為 me'shartim（משרתים），意為「隨從」。這一傳統說法是針對行星相對于發光體的作用而言的。這裡統一譯為「行星」。

6 ｜原書中此章內容似乎僅提到卜卦占星，但同樣的規則也適用於本命占星以及春分盤。

　　第十章[介紹]七顆行星光線的容許度，它們推進的方式，它們在大圈度數上的轉換[7]，以及所有這些的一般性意涵。

　　每一個研究此門科學的有識[之士]都能觀察到七大行星的運動狀況：它們自身的運動速度相較它們在更高層天球（the superior wheel）[8]中的運動速度要快；它們在[自身所處]天球層中的運動方向，與位於更高黃道天球層的星辰相反；所有這些運動都圍繞一個實體——地球，它就像圓的中心[9]。

　　之後他會意識到，雖然這些運動是同樣且直接的，但它們的影響會因所處區域[10]不同而有所差異。這可從大圈的度數、其左側（北方）和南方的形象（星座）、七大行星的知識、它們——一般和特殊——的自然屬性以及它們的行動中知曉。

---

7 | 將不同的時間長度與一個星座或一定度數區間相對應，用於預測。

8 | 宗動天（primum mobile）。[羅伯特‧漢]

9 | 拉丁文文本在此處寫道：「聰慧之人希望探究七大行星在恒星天更高層天球上快速運動時發生了什麼。當行星靠近星座範圍內的更高的恒星時，他會有所覺察。[他也會意識到]所有這些運動都圍繞地球，其存在方式就似處於圓之[中心]。」[羅伯特‧漢]

10 | 原書中 *gvulim*（גבולים）一詞在其他地方用於表示「界」（term 或 bound），如「星座中行星的界」。

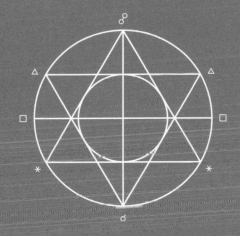

智慧的開端

第一章

　　古往今來的[占星師們]都認同大圈可等分為360度。因為這個數字可以被2到10之間除了7以外的所有數字（整）除。它還可等分為12個被稱為「星座」的部分，每個星座[可劃分成]相等的30度，每度[劃分成]60分，每分又[劃分為]60秒，依此類推，until tens（譯註：此處原文含義不明，因應梅拉·埃普斯坦老師要求保留原文不翻譯，但似乎是說還可進一步劃分為更小的單位）。

　　上述十二星座的名字分別是：牡羊座、金牛座、雙子座、巨蟹座、獅子座、處女座、天秤座、大蠍座、射手座、摩羯座、水瓶座和雙魚座。這些星座（譯註：指天文學的黃道十二星座）都分佈在更高的第八層天球[1]，[且]與左邊(北方)和南方天空的形象加在一起共有48個。據包括托勒密在內的古人所言，它們共有1022顆恒星，其中十二星座對應的形象中有346顆恒星（譯註：原文如此）。

　　第一個形象是牡羊座（譯註：現天文學名稱為白羊座），有13顆恒星，包括了羊角和**羊腹**[2]。金牛座中有33顆恒星，**昴星團**（Pleiades）在其背部。其他星座中的恒星數如下：雙子座18顆，巨蟹座9顆，獅子座27顆，處女座（譯註：現天文學名稱為室女座）26顆，天秤座8顆，天蠍座22顆，射手座（譯註：現天文學名稱為人馬座）31顆，摩羯座28顆，水瓶座（譯註：現天文學名稱為寶瓶座）42顆，以及雙魚座34[顆]。

　　南方天空中有15個形象，共有恒星316顆（譯註：原文如此）。

---

1 | 即七大行星之上的外層天空。
2 | 參見 *S.N.* 第79頁：「它的東部暗淡不清，天文學家把其他恒星繪製成不規則的形狀，一隻角放進了雙魚座，一條腿伸入了鯨魚座（Cetus）。」

第一個[3]形象是**海獅**，也被稱作**熊**[4]，其中有恒星22顆。

第二個形象是**威猛者**[牽著]**狗**[5]，有38顆恒星。第三個形象是**長河**，恒星數有34顆。第四個形象是**野兔**，有恒星13顆。第五個是**大狗**，有18顆恒星。第六個是**小狗**，那裡只有2顆恒星。第七個形象是**船**，有45顆恒星。第八個是**動物**[6]，有25顆恒星。第九個是**茶杯**，有恒星7顆。第十個形象是**烏鴉**，也有7顆恒星。第十一個形象是**提獅子**[7]者，其一半是人形，一半是馬形[8]，有恒星36顆。第十二個形象是**獵豹**，有恒星5顆[9]。第十三個形象是**香爐**，有7顆恒星。第十四個形象是**皇冠**，有恒星13顆。第十五個是**南魚**，有恒星11顆。

---

3 | 依據春分點而定。

4 | 托勒密稱它為**海怪**。它位於天星座雙魚座和白羊座之南，現在被稱為鯨魚座。它狀若鯨魚，希臘神話中它被派去吞吃安德洛墨達（Andromeda，譯註：埃塞俄比亞[Ethiopia]公主），但在看到珀耳修斯（Perseus，譯註：希臘神話中的英雄）手中的美杜莎（Medusa）頭顱的一剎那，它變成了石頭。這三個天文星座或星群（仙女座[Andromeda]、英仙座[Perseus]、美杜莎[譯註：由大陵五及其周圍的恒星組成，現為英仙座的一部分]）都靠近天球赤道的北側。目前尚未找到另一個名字「**熊**」的來源資料。

5 | 這裡顯然指的是獵戶座（Orion）。原文用詞為 *ha'kelev ha'gibbor*（הכלב הגבור），字面意思為**威猛的（或強壯的）狗**。但 *ha'gibbor*（הגבור）也是一個名詞——**英雄**。它的恒星數也與托勒密星座系列中歸入獵戶座的恒星數相符，而該系列正是伊本·伊茲拉所沿用的。
參見 *S.N.* 第306-307頁：「敘利亞人稱之為 **Gabbārā**，阿拉伯人稱之為 **Al Jabbār**，意思都是『巨人』……後阿拉伯文詞語逐漸演變為 **Algebra** 與 **Algebaro** ……」「海德（Hyde，1636-1703）（譯註：英國著名的東方學學者、神學家）引用一位阿拉伯天文學家的說法——**Al Babādur**，即強壯者，作為星座的通稱。」
阿拉伯文 *Al Jabbar* 和希伯來文 *Gibbor* 發音相同，很可能詞根也相同。*Gibbor* 是指偉大的、勇敢的、英雄，伊本·伊茲拉以阿拉伯文資料為其來源，在此顯然是以希伯來文來表示星座的阿拉伯文名稱。
在《聖經》中，獵戶座的名字是 *Ksil*（כסיל），意思是「愚者」。參見 *S.N.* 第309頁。
我認為，這裡提到了狗，只是進一步佐證了獵戶座的特徵，傳統上獵戶座與大犬座（Canis Major）相關。
參見 *S.N.* 第119頁：「阿拉伯天文學家稱它為 **Al Kalb Al Akbar**，**大狗**；奇爾米德（Chilmead）（約1639年，英國作家與翻譯家，譯有《天體論》[*A Learned Treatise of Globes*]）遵循拉丁譯法，將它寫成 **Alcheleb Alachbar**；比魯尼（Al-Bīrūnī）所引用的 **Al Kalb Al Jabbār**，巨人的狗，直接來自希臘的形象概念。」*Kalb* 在阿拉伯文中的意思是「狗」。

6 | 這個星座與托勒密的**水蛇**——傳統上稱為長蛇座（Hydra）——的恒星數量一致。[羅伯特·漢補充]在彼得的拉丁文版本中，此處也有一條蛇。

7 | 這裡指豺狼座（Lupus）。托勒密稱其為**野獸**，靠近半人馬座（Centaur）手部的位置。
根據 *S.N.* 第278頁描述，豺狼座的名字來自「……占星師對於該星座的阿拉伯文名稱 **Al Fahd**——指獵豹或黑豹——的錯誤翻譯；……希臘人和羅馬人並未給這些星星特別命名，他們只是認為像一隻**野獸**……」「阿拉伯人也稱其為 **Al Asadah**，獅子，——由斯卡里格（Scaliger，譯註：十六世紀法國學者）發現，在一幅土耳其的星圖中一再被提及……」

8 | 第十一個天文星座是半人馬座，即半人馬座（凱龍[Chiron]）。

9 | 按照托勒密的系列，這還是指豺狼座，或稱**野獸**，只有一處不同——托勒密給這個星座分配了19顆星。

　　左邊（北方）天空有21個形象，共有恒星360顆（譯註：原文如此）。第一個形象是**阿什和她的兒子們**[10]，其中有恒星7顆。第二個是**大熊**，有17顆恒星。第三個是**鱷魚**[11]，恒星數有31顆。第四個形象是**持火把者**，有恒星11顆[12]。第五個是**狂吠之犬**[13]，有恒星22顆。第六個是**北方的皇冠**，有8顆恒星。第七個是**跪行之人**[14]，其中有恒星28顆。第八個是**降落的鷹**[15]，有恒星10顆。第九個是**母雞**[16]，有恒星17顆。第十個是**坐在椅子上的[女]人**[17]，有13顆恒星。第十一個是

10 ｜ *Ayish*（עיש）是小熊座（Ursa Minor）的希伯來文名稱。參見 *S.N.* 第449頁：「阿拉伯人稱小熊座為 **Al Dubb al Asghar**，較小的熊，儘管之前它作為另一 只**熊**再為他們所熟知，他們把星座尾部的三顆星稱為 **Banāt al Na'ash al Sughrā**，小熊的女兒們。」
　　伊本·伊茲拉用阿拉伯名字 *u'sh*（עיש）替代《聖經》中的 *ayish*（עיש）。《約伯記》38:32：「התוציא מזרות בעתו ועיש על בניה תנחם」（*Ha'totzi mazarot be'ito ve'aish al ba'ne'ha tan'hem*）（……阿什和她的兒子們……）。句子中動詞 *ta'nhem* 的詞根為「指引」，這可能暗示古代的旅行者用這個星座指引方向。
11 ｜ 希伯來文名稱為 *ta'nin*（תנין）。此星座即天龍座（Dragon）。參見 *S.N.* 第205頁。[羅伯特·漢補充]彼得的拉丁文本中，此處也有龍。
12 ｜ 它被托勒密稱為**仙王**（Cepheus，譯註：刻甫斯，希臘神話中的埃塞俄比亞國王，後化為仙王座），也有11顆星。希伯來文名稱為 *ba'alat ha'lahav*（בעלת הלהב）。[羅伯特·漢補充]彼得的拉丁文本中記述為 *Quarta, inflammatus stelle eius 11*，也指的是仙王座。
13 ｜ 此星座與托勒密所稱的**耕夫**（Ploughman）（譯註：牧夫座）在恒星數量上是一致的。
14 ｜ 即武仙座（Hercules，譯註：赫拉克勒斯，希臘神話中的大力神，宙斯之子）。
15 ｜ 即天琴座（Lyra或Lyre），但伊本·伊茲拉顯然引用了另一種不同的傳統說法。參見 *S.N.* 第281-283頁：「此星座早期有個不常用的名字 **Aquilaris**，源自星群被想像成一個懸掛在鷹爪上的樂器形象。」「天琴座的恆星與鳥的關聯可能起源於一個在古印度流傳上千年的形象——**老鷹**或**禿鷲**；在阿卡德地區（Akkadia，譯註：上古時期的美索不達米亞地區），人們稱之為巨大的風暴鳥 **Urakhga**，後來則被稱為**烏鴉**（Corvus）。但其阿拉伯名稱 **Al Nasr Al Wāki**——奇爾米德所稱的 **Alvaka**——指俯衝的**沙漠石鷹**，源於星群中 α、ε、ζ 恒星的結構顯示出翅膀半合的鳥的形象……現存阿拉伯作者的著作中，只有蘇菲（al Sufi）稱之為 **Al Iwazz**，意為**鵝**。克里索柯卡（Chrysococca，譯註：西元十四世紀希臘一波斯天文學家）把它寫成……**蹲著的禿鷲**。它還曾名 **Aquila Marina**，魚鷹，以及 **Falco Sylvestris**，林隼。兩個世紀前它的常用名字是 **Aquila Cadens** 或 **Vultur Cadens**，**降落的禿鷲**，慣譯為 **Falling Grype**，顯示為扭頭朝上、嘴裡叼著一把豎琴的形象。」
16 ｜ 這裡指天鵝，即天鵝座（Cygnus）。托勒密稱其為**大鳥**，但伊本·伊茲拉還是沿用了不同的傳統名稱。參見 *S.N.* 第192-193頁：「其他希臘人稱之為 όρνις，一般指一種鳥，更特指**母雞**……」「在阿拉伯……它被稱為 **Al Dajājah**，即**母雞**，甚至西元前三世紀的埃及祭司曼涅托（Manetho）也如是說……」
17 ｜ 即仙后座（Cassiopeia，卡西俄珀亞）。參見 *S.N.* 第142-143頁：「希吉努斯（Hyginus，譯註：二世紀希臘神話學家）寫下『仙后座』一詞，他描述說，這個人物被綁在她的位座上，因此，當她向下繞極點旋轉而行時不會從椅子上掉下來」「羅馬人……稱仙后座為 **Mulier Sedis**，椅子上的女人，或簡單稱之為王室的**座位**；……」「阿拉伯人稱仙后座為 **Al Dhat al Kursiyy**，**坐在椅子上的女人**……」

手提惡魔頭顱的人[18]，有恒星26顆。第十二個是**手持鞭子的牧羊人**[19]，有恒星14顆。第十三個是**遏制動物的人**[20]，有恒星24顆。第十四個是

---

18 | 指珀耳修斯，他的傳統形象被描繪成手提戈耳工蛇髮三女妖（Gorgons）之一——美杜莎頭顱的樣子，即英仙座。參見*S.N.* 第330、332頁，阿拉伯人「……通常稱其為 **Hāmil Rā's al Ghūl**，**持惡魔頭顱者**，後被西班牙摩爾人稱為 **Almirazgual**。」**Algol**（譯註：大陵五），**惡魔**，**惡魔之星**，閃爍的惡魔，來自阿拉伯人所稱的 **Rā's al Ghūl** 一詞，意為惡魔的頭，據說是因其快速而奇妙的變化而得名的；但是我沒有發現與此相關的任何證據，人們可能從托勒密那裡沿用了這個名稱。Al Ghul 的字面意思是搗蛋鬼，《天方夜譚》中的食屍鬼還以此命名……」「希伯來文中把大陵五稱作 **Rōsh ha Sātān**，撒旦的頭顱。」

19 | 托勒密稱之為**駕馭戰車之人**，即御夫座（Auriga）。一些描述稱該星座中有一隻大山羊和一隻小山羊的形象，這也是「牧羊人」一詞的由來。參見*S.N.* 第83-84頁「……顯示一個右手持鞭的年輕人，沒有戰車，左肩扛著一隻大山羊，手腕攏著**小山羊們**……」「一具寧錄（Nimroud，譯註：《聖經》人物）雕塑幾乎精準地呈現了左臂攏住山羊的御夫座的形象；而古希臘—巴比倫時代的星座 **Rukubi**，**戰車**，就在相同位置，幾乎與御夫座重合，也許還會延伸至金牛座中」「……**Rein-holder**（譯註：執韁人），被拉丁作者抄寫成 **Heniochus**，並被日爾曼庫斯（Germanicus，譯註：羅馬帝國將軍，翻譯了希臘天文詩人阿拉托斯的著作）及其他人擬人化為**埃雷克修斯**（Erechtheus），或更恰當的**厄里克托尼俄斯**（Erichthonius）——火神伏爾甘（Vulcan）和智慧女神密涅瓦（Minerva）之子。他繼承了父親的跛足，並創立了一些必要的簡易運動方式。四馬戰車就是他的發明……」
S.N. 第86-88頁關於此星座中的恒星五車二（Capella）的描述說：「至少自馬尼利亞斯（Manilius）、奧維德（Ovid）及普林尼（Pliny，譯註：以上三人是與托勒密同時代或稍早的古羅馬詩人、作家）時代以來，它就被稱作 **Capella**，小母羊……希臘的阿拉托斯（Aratos，譯註：天文詩人）用「降雨的標誌」（*Signum pluviale*）稱呼它，如同稱呼它的伴星 Haedi（譯註：御夫座中的雙星系統）一樣，從而證實了它在整個古典時期具有暴風雨的屬性……普林尼和馬利利亞斯把五車二視為一個星座，並稱之為 **Capra**、**Caper**、**Hircus** 以及其他與山羊相關的名字。」「**阿瑪爾忒亞**（Amalthea）之名來自克里特島的山羊，是朱庇特（Jupiter）的乳母……」「據說這顆恒星代表玩耍中被嬰兒朱庇特折斷的山羊角，後被升入天空成為 **Cornu copiae**，即豐饒之角……」「早期阿拉伯人稱其為 **Al Rakib**，**駕駛者**；因其位於遙遠的北方，在其他地區被發現之前，它在天空中是最耀眼的，顯然它在守護著他們；……同時，因其一直是偉大的埃及神、開啟者普塔（Ptah）（譯註：古埃及人尊崇的孟菲斯主神，被認為是人類和眾神之父，萬物之主）[普塔發音與希伯來文中『打開』一詞非常相近——埃普斯坦註]廟宇崇拜中最重要的星宿，它的名字應該與該神靈有關，並且很可能人們在西元前1700年於卡納克（Karnak）普塔神廟觀測到了它的西降。」「阿卡德語中的 **Dil-gan I-ku**，光之使者，或 **Dil-gan Babili**，巴比倫的守護星，被認為就是指五車二；亞述人稱其為 **I-ku**，引領者，即年度之星……根據賽伊斯（Sayce，譯註：英國考古學家）的記載，在阿卡德時代，一年的開始是依據春分時刻此星相對於月亮的位置而定的。這應該是在西元前1730年之前，而在這之前的2150年裡，太陽進入金牛座時春天才開始。在此情形下，這顆星被稱為**馬杜克**（**Marduk**）[相當於朱庇特——埃普斯坦註]之星」詹森（Jensen，譯註：德國東方主義者）提供了一段被認為與五車二有關的楔形文字銘文：暴風雨之神**阿斯卡爾**（**Askar**）……在占星學中，五車二預示著國家及軍事的榮譽及財富。」

20 | 托勒密稱之為**持蛇人**（**Serpentarius**），即蛇夫座（Ophiuchus），**持蛇之人**，或**與蛇搏鬥的人**。參見*S.N.* 第298-299頁：「戈柳斯（Golius，譯註：荷蘭東方學家）堅稱這個形象代表的是一個**蛇巫**，來自利比亞的普塞利人（Psylli，譯註：古代北非部落）以治癒蛇毒之傷的技藝而聞名。在謝爾勒魯普（Schjellerup，譯註：丹麥天文學家）版本的蘇菲著作中，有一個名為 **le Psylle** 的星座，可以證明這個說法。」
「但是**持蛇人**的形象通常被認為是**阿斯克勒庇俄斯**（'Ασκληπιός，**Asclepios**，或 **Aesculapius**，譯註：希臘神話中的醫神），詹姆斯一世國王（King James I）形容其為『造神之後的醫者』，其蛇形圖騰被視為謹慎、革新、智慧和發現治癒性草藥的能力的象徵。受父親阿波羅或受半人馬凱龍的教育，阿斯克勒庇俄斯成為阿耳戈號（Argo，譯註：希臘神話中伊阿宋等眾英雄家取金羊毛所乘之船，南船座即來源於此）船上的外科醫生以及這一職業的先驅。當這段著名的航程結束時，他的技藝已十分純熟，以至於可以起死回生……」

動物[21]，有恒星18顆。第十五個是**惡魔**[22]，恒星數是5顆。第十六個是**飛鷹**[23]，有恒星9顆。第十七個是**海魚**，有恒星4顆[24]。第十八個是**馬頭**[25]，恒星數是4顆。第十九個是**飛馬**[26]，恒星數是20顆。第二十個是**一個沒有丈夫的女人**[27]，有恒星23顆。第二十一個是**三角形**，有4顆恒星。

[以上]提及的就是所有的1022顆恒星（譯註：原文如此）。古人將它們劃分為六個[亮度]等級。亮度最高的恒星為第一星等（honor）[28]，其次為第二星等，直至降為最暗的第六星等。有15顆恒星屬於第一星等，48顆恒星屬於第二星等，208顆恆星屬於第三星等，474顆恆星屬於第四星等，217顆恆星屬於第五星等，49顆恒星屬於第六星等，還有3顆恒星是暗的，如雲一般。

---

21 | 托勒密稱之為**持蛇人之蛇**——被蛇夫握著的**蛇**。希伯來文 *ha'haya*（חחה）意為「動物」，但根據 *S.N.* 第374頁的說法，阿拉伯大文學家稱其為 *Al Hayyah*，即**蛇**。顯然，伊本・伊茲拉用的是阿拉伯/希伯來文單詞，這對他那個時代的人來說毫無困難。

22 | 托勒密稱之為**箭**。它也被稱為**弓箭手**（Archer）。但 *S.N.* 第353頁描述了一個可證明其名字「**惡魔**」的令人不快的聯想：「在幼發拉底河地區，這個星座的形成無疑早於更大的半人馬座凱龍；但第一個有記錄的經典形象是厄拉托斯忒尼斯（Eratosthenes，譯註：西元前三世紀的希臘天文學家、數學家和地理學家）描述的**薩提爾**（**Satyr**，譯註：希臘神話中的森林之神，長有羊角與羊蹄，好色，放蕩不羈），很可能由原始半人馬怪希班尼（Hea-bani）的特徵衍生而來，它也出現在更近代的《法內斯星圖集》（*Farnese globe*）中。但馬尼利亞斯也提到了它，與我們當代的名稱類似，稱為半馬（*mixtus equo*），是帶有威脅性的形象，與南方的半人馬座——有教養的凱龍慣有的溫和形象截然不同。」

23 | 即天鷹座（Aquila）。托勒密計算該星座有6顆恒星。參見 *S.N.* 第57頁：「對於阿拉伯人來說經典的形象為 **Al 'Okāb**，可能是指他們的**黑鷹**，……而他們所稱的 **Al Nasr al Tāir**，僅指的是星座中 α、β、γ 恒星組成的**飛鷹**形象……」

24 | 托勒密稱為**海豚**，並計算其有10顆恒星。「4」有可能是抄寫的錯誤，因為 *dalet*（4）和 *yod*（10）非常近似（譯註：是指希伯來文字形近似）。

25 | 托勒密稱之為**馬的前部**（Forepart of Horse）。

26 | 即飛馬座（Pegasus）。

27 | 這就是仙女座，安德洛墨達。伊本・伊茲拉顯然引用了星座的阿拉伯名稱。參見 *S.N.* 第32頁：「在《阿方索星表》（*Alfonsine Tables*）的一些版本以及《天文學大成》（*Almagest*）中，她被稱為 **Alamac**……；顯然自比魯尼開始，安德洛墨達被描繪成 *Mulier qui non vidit maritum*（譯註：沒有丈夫的女人），而拜耳（Bayer，譯註：十六世紀德國天文學家）也有同樣意義的描述，即 *Carens Omnino viro*。《占星四書》（*Tetrabiblos*）阿拉伯文評註版的拉丁文譯者阿里・阿本・雷杜安（Ali Aben Reduan，哈里[Haly]）稱之為 **Asnade**，在《柏林抄本》（*Berlin Codex*）中讀為 **Ansnade**；在多次轉錄的過程中，這些詞由 **Alarmalah**——**寡婦**開始逐漸變化，後被阿拉伯人用於仙女座的名稱；……」

28 | 彼得的拉丁文文本中，此處用 *ordo* 一詞，為「等級」之意。

　　七大行星分別是土星、木星、火星、太陽、金星、水星[和]月亮。位置最高的是土星，它在地球之上的第七層天球，之後是木星，月亮離地球最近，位於第一層天球。

　　十二星座根據四大元素分為四組，每組有三個星座。牡羊座、獅子座及射手座為熱和乾的火元素星座；金牛座、處女座和摩羯座為冷和乾的土元素星座；雙子座、天秤座和水瓶座為熱和濕的風元素星座；巨蟹座、天蠍座和雙魚座為冷和濕的水元素星座。

　　土星是冷和乾的；木星是熱和濕的；火星又熱又乾，在燃燒；太陽是熱和乾的；金星是冷和濕的；水星性質是可變的，與同它在一起的行星性質一致；月亮是冷和濕的。七大[行星]之中，有陽性和陰性行星之分，有日間和夜間行星之分，也有吉星和凶星之分。有兩個發光體，兩顆吉星，兩顆凶星，以及一顆性質隨（其他行星）變化的中性行星。發光體之一太陽是陽性及日間行星，第二個發光體是陰性及夜間的月亮。吉星之一木星是陽性的日間行星。另一吉星金星則是陰性的夜間行星。凶星土星是陽性的日間行星。另一凶星火星則是陰性的夜間行星[29]。水星是中性的，有時屬陽性，有時屬陰性，有時是日間行星，有時是夜間行星，有時吉，有時凶——這取決於和它會合及形成相位的其他行星的特質，我會在適當的地方解釋。

---

29 ｜ 下表描述了七大行星的性質：

	陽性/日間行星		陰性/夜間行星
吉星	木星		金星
凶星	土星		火星
發光體	太陽		月亮
中性行星		水星	

[羅伯特‧漢補充]這裡暗示在日夜區分中火星是夜間行星，所以可能是陰性行星。這同時也暗示了一個事實，即火星喜歡潮濕（陰性的特質）的天蠍座更甚於乾燥的牡羊座。伊本‧伊茲拉是少數幾位將火星直接劃分為陰性及夜間行星的學者之一。

　　五大行星以及月亮的性質會根據它們與太陽距離的不同而變化，我稍後會解釋。此外，它們還有另一種變化——上升和下降的變化，因為它們時而靠近地球，時而遠離地球，時而在地球的左側（北方），時而在其右側（南方）。[這種情況發生在：][30]當一顆行星位於實體球面——它不同於地球的[實體]球面——的最高位置時，行星就位於其相對於地球的最高位置。當它位於球面的最低位置時，情況正相反[31]。它們的交點（Hanging）[32]是行星圈的交會處，類似黃道圈與傾斜的行星圈相交處[33]。首交點（北交點）是左邊（北部）天空的開始，尾交點（南交點）則是右邊（南部）天空的開始。當一顆行星或是月亮會合[它的]首交點或尾交點時，它就處在黃道上；但在其他位置時它會位於北黃緯或南黃緯，緯度視其與兩個交點的距離而定。

　　行星在[黃道]圈上有主管權力。這種主管權力分為廟、旺、三分性、界及外觀五種。入廟[得到]五分力量，入旺得四分，三分性可得三分，界得兩分，外觀得一分[34]。當一顆行星入廟時，它在整個星座中都有力量，入旺時也是如此；只是，它會在旺宮星座的[特定]度數上擁有更多的力量[35]。

---

30 │ 以下是對前一句中提到的「上升和下降」變化的解釋，指的是行星在其偏心均輪（eccentric deferent circle）上的運動。

31 │ 彼得的拉丁文文本在此處譯文如下：「同樣，它們的上升和下降也有差異。因為有時它們離地球很近，有時離她很遠。同樣，它們有時在左邊，有時在右邊。但是，當一顆行星處於其偏心圓（其中心與地球的中心不同）的最高度數時，它就位於離地球最遠的至高點（the auge）。相反，當它來到離地球最近的地方時，即位于與其至高點相對的地方。」行星的至高點正是這個段落所描述的，即偏心均輪上離地球最遠的點。對此更詳細的解釋見第二章，註解31。

32 │ 指交點。以下描述是對前述句子後一部分有關行星黃緯的解釋。

33 │ 拉丁文文本中此處補充如下：「它的『龍』[即龍首和龍尾]位於行星在均輪上的行進與它在星座大圈上的行進相一致之處。」[羅伯特·漢]

34 │ 這是最早的衡量行星尊貴力量的方法之一。[羅伯特·漢]

35 │ 太陽在牡羊座19°入旺，月亮在金牛座3°入旺，北交點在雙子座3°入旺，金星在雙魚座27°入旺，火星在摩羯座28°入旺，木星在巨蟹座15°入旺，土星在天秤座21°入旺。這些傳統說法沒有可考的來源。伊本·伊茲拉在此談到的問題是，行星入旺的力量是局限於星座的特定度數的，還是作用在整個星座的。在印度占星學中，旺宮度數是有容許度的，也就是說，行星越靠近它的旺宮度數，力量越強。

　　在本書中，我會介紹被古巴比倫人、波斯人、印度人以及以托勒密為代表的希臘人共同認可的內容。我會介紹「九分部」（nines）和「十二分部」（twelves）[36]，光亮度數、暗黑度數和空白度數，陽性度數和陰性度數，缺陷度數（pitted degree），增加恩典和榮耀的度數，以及在黃道帶上眾多的[恒]星位置，它們的黃經和黃緯，以及其中較重要恒星的性質，直到本書完結。除本書外，你不再需要其他書籍作為這一智慧的開端。

---

36 ｜將每一星座等分為九個區間或十二個區間，每一區間按照黃道順序與星座以及它們的主管行星相聯繫。[羅伯特・漢補充]這就是印度占星學中的九分盤及十二分盤（*navamsas* and *dwadasamsas*）可能是在占星學的阿拉伯時代由印度傳入歐洲的；不過，十二分盤也曾作為兩種十二體分（*dodekatēmoria*，譯註：同「十二分部」）之一出現在希臘古典文獻中。

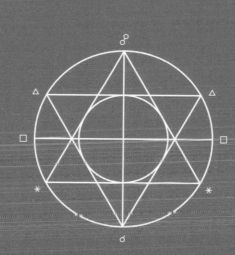

智慧的開端

第二章[1]

　　第二章[描述]黃道十二星座及其赤經上升、它們的影響以及星座中主要恒星的特性。

　　黃道星座共有十二個，其中六個——從牡羊座至處女座——位於赤道線[2]的左邊(北方)，而天秤座至雙魚座則位於南方天空。

　　牡羊座是火象星座、陽性星座、日間星座，代表東方及溫暖的季節。它是改變的[3]，因為季節在此轉換，且牡羊座初始之日晝夜等長，之後白晝越來越長而黑夜越來越短。牡羊座中每一天的[日光]時(temporal hours)長度相對於均等的[赤道]時都在增加[4]。它是短上升星座，因為從所有地點觀察，牡羊座升起的[時間]都比它在赤道地區升起的[時間]要短[5]，它是扭曲(crooked)星座[6]。牡羊座代表熱元素適度增加，人們會在牡羊月[期間]旅行[7]。它是一個良好的、令人愉快的星座。它代表雷和閃電。它的前邊[8][部分]較多風雨，中段氣候溫和，而後段則[有]熱且有害的空氣。它的北[部]會產生熱與濕，而南部則產生涼爽[9]。

---

2 ｜即天球赤道。[羅伯特·漢]

3 ｜指基本(Cardinal)星座。「改變的」相當於「啟動」之意。

4 ｜日光時是將一天從日出到日落的時間除以12得到的。在春季和夏季，日光時比均等的小時要長，所謂均等的小時，是沿著赤道每隔15°經度相差1小時的時間。

5 ｜至少在北半球這個觀察是正確的。在南半球牡羊座無疑是長上升星座。[羅伯特·漢]

6 ｜這是牡羊座是短上升星座的另一種說法。不應與前文提到的牡羊月中日光小時的季節性長度相混淆。我們在此討論的是，在一年中的任何一天和任何地點，牡羊座在星盤中處於上升點的情況。短上升或長上升源於赤道相對於黃道的傾斜角度。在赤道地區，牡羊座在地平線升起的時間約為1小時52分，而在北緯40°，牡羊座升起的時間約為1小時20分，等等。(難怪牡羊座的人不耐煩……) 在理想情況下，每個星座升起的時間為2小時。[羅伯特·漢補充]在大多數阿拉伯時期的文本及其衍生的拉丁文文本中，「扭曲星座」一詞用以表示短上升星座，因為這些星座並非從東方地平線垂直升起，而是相對於地平線傾斜上升，「扭曲星座」與「直行星座」相對。

7 ｜*S.N.*第81頁中，關於白羊座α星——婁宿三(Hamal)有一段與旅行相關的有趣表述：「婁宿三位於黃道稍北的位置，在航海中，它被廣泛用於與月亮相關的觀測。」

8 ｜希伯來文中的 *te'hilato* (תחילתו) 一詞也表示「它的開始」，可以理解為與季節相關，即牡羊月的第一部分，但與托勒密的文獻比對時，則很清楚它觀察的是星座/星群的區域。

9 ｜這裡指的是星座對天氣的影響，與托勒密在《占星四書》第二冊第十二章《產生不同大氣結構的星座特性》中的論述相似。托勒密在這一章的第一段中寫道：這些特性是由觀察與季節更替、太陽進入基本星座的時刻最接近的新月或滿月而得到的。

　　牡羊座是四足有蹄的，但四肢被截斷了，因為它的赤經上升是扭曲的。它有兩種顏色[10]及兩種形態[11]，它是半有聲星座。它位於東方正中，代表東風。它在四種元素中屬於火元素，它是熱的。牡羊座屬於血液質，代表的味道是甜味[12]；代表的顏色是紅色，也代表任何橙黃色的東西；它代表綿羊和所有有蹄的[動物]；代表的金屬是金、銀、鐵和銅。

　　牡羊座代表第三個區域[13]，還代表巴比倫、波斯、亞塞拜然

---

10 | 這裡的希伯來文用詞是 eyna'im（עיניים），意思是「眼睛」，但它的單數形式 a'yin（עין）也有顏色及色調之意，用在此處更為恰當，因為牡羊座與白色和紅色有關。參見里利（Lilly）的著作（譯註：《基督徒占星學》[Christian Astrology]，下同）第86頁：「……白色與紅色相混合……」也見於 S.N. 第79頁。

11 | 參見 S.N. 第78頁：「牡羊座通常被描繪成傾斜著扭頭欣賞自己金色羊毛的金羊……但是在阿布．馬謝1489版本（Albumasar of 1489，譯註：1489年在德國首印的阿布．馬謝著作《占星學全介紹》看來，它是筆直地站著的；一些更早期的藝術家則描繪它正向西奔跑……」

12 | 在其他文獻資料中，所有的火象星座都代表苦味。然而，牡羊座是春天的開始，這是風元素的時間，也就是說，它是熱和濕的。伊本．伊茲拉把甜味分配給牡羊座，或許因為它是春天的開始，而不是基於它是一個火象星座。[羅伯特．漢]

13 | 指第三氣候區。每一個星座依據其主星分配給七個氣候區中的一個。因此，土星主管的星座對應第一氣候區，木星主管的星座對應第二氣候區，火星主管的星座對應第三氣候區，獅子座對應第四氣候區，金星主管的星座對應第五氣候區，水星主管的星座對應第六氣候區，巨蟹座對應第七氣候區。但是，文獻中似乎有些錯誤。處女座應該和雙子座一樣對應第六氣候區，而水瓶座與摩羯座一樣應該對應第一氣候區，但它們在文獻中都對應第二氣候區，這是明顯的錯誤，因為其他星座和它符合以上基本原則。
氣候區是與最長的白天時長相關的緯度帶。以下是比魯尼所描述的七個氣候區：

氣候區	最長一天		緯度	
	小時	分鐘	度	分
赤道	12	00	00	00
第一氣候區起點	12	45	12	39
中間點	13	00	16	39
第二氣候區起點	13	15	20	27
中間點	13	30	24	13
第三氣候區起點	13	45	27	28
中間點	14	00	30	39
第四氣候區起點	14	15	33	37
中間點	14	30	36	21
第五氣候區起點	14	45	38	54
中間點	15	00	41	14
第六氣候區起點	15	15	43	23
中間點	15	30	45	22
第七氣候區起點	15	45	47	11
中間點	16	00	48	52
第七氣候區結束	16	15	50	25

（Adharbaijan）[14] 及巴勒斯坦地區。

它代表的場所是田野、有羊的草場、熱的地方、竊賊的[避難所]，以及有屋頂的房子[15]。

根據托勒密的說法，牡羊座也代表那些祈禱者的居所或裁決者之地[16]。古人說它的名稱中含字母 Alef (א) 和 Nun（נ）[17]；它代表的年數是15，代表月數也是15，代表的日數是37½，代表的小時數是4。

在牡羊座的第一個外觀中，升起[18]一個光彩照人的女性形象[19]，像

---

14 | 文獻中的詞彙是 *Ardayan* 或 *Ardyan*（ארדיין），希伯來文註釋是 *Adryun*，比魯尼稱之為 *Adharbaijan*，聽起來已經很接近了。

15 | 里利，第93頁：「……竊賊的藏身之處（少有人去的地方），在房屋裡，屋頂，天花板或其抹灰，養小型動物的圈，新擁有或新開墾的土地，燒磚頭或撒了石灰的地方。」
火元素是宇宙中次序最高的元素，因它代表房子的最高處——屋頂。再往下依次是風元素，小元素和土元素，這些資訊常用在卜卦占星中，指代所詢問的事物或人的地點。

16 | 在《占星四書》第二冊第八章，論日月蝕在不同星座可能產生的影響這一主題中，托勒密寫道：「分點星座[牡羊座、天秤座——埃普斯坦註]還代表容易發生與教會、宗教事務有關的情況。」
費爾米庫斯·馬特爾努斯（Firmicus Maternus）在他的《論數學》（*Matheseos*）第二冊第十章中這樣描述牡羊座：「希臘人稱牡羊座為『Crios』，因為當太陽在這個星座時，它要判斷，也就是說，在白天和黑夜之間，這在希臘語中稱為 *crinein*（做出判斷）；還因為當太陽位於這個介於夏季和冬季之間的星座時，它也是被判斷的對象」該書譯者瓊·里斯·布拉姆（Jean Rhys Bram）評論道：「Crios 是牡羊座的希臘文名稱，即公羊。費爾米庫斯認為是自 *crinein* 一詞衍生而來，它在希臘文中意為『判斷』。」金鹿出版社（Golden Hind Press）翻譯希臘文系列文獻的譯者羅伯特·修密特（Robert Schmidt）也證實了這一評論。
有關牡羊座「判斷」的概念在伊本·伊茲拉的《緣由之書》的第13頁也有提及，他寫道：「敬拜上帝之所。牡羊座和天秤座……代表正義，且因為正義而成為禮拜之所。」這是對牡羊座的屬性非常有趣的補充，後世的占星學文獻中沒有發現相關表述。天秤座確實代表平衡和公平，這與司法過程有關。牡羊座和天秤座標記了晝夜平分點，在此白晝與黑夜等長，因此也代表「平等」——正義的另一個維度。

17 | *Alef*，作為希伯來字母表中的第一個字母，代表「第一」。但有趣的是，在閃米特語（Semitic）書寫中，這個字母的古老形式代表了一頭公牛的頭部，《聖經》中的 *Aluf*（אלוף）一詞也指公牛或牛，以及非常尊貴之人。由於閃米特語字母是自西元前兩千年古埃及象形文字發展而來的，我相信此處的跡象表明，回歸黃道也是自恆星黃道發展而來的。在那個年代，金牛座是春分點所在的開年星座，其象徵符號是神聖的埃及神牛阿匹斯（Apis），也是冥府之神奧西里斯（Osiris）的化身。由於歲差運動，牡羊座從金牛座那裡接管了春分點，也接管了「第一」的稱號。至於另一個字母 *Nun*，我有自己的理論：*Nun* 在古老的閃米特語中意為「魚」，當春分點移至大魚/雙魚座時，牡羊座很可能也接管了這個名號（參見 *S.N.* 第337-338頁）。
將希伯來文字母溯源至占星學元素的提法僅在卡巴拉猶太神秘主義教義中出現。卡巴拉起源於《創世紀》（*The Book of Creation*），傳統上可追溯至始祖亞伯拉罕，但現代學者認為它出現在中世紀早期。考慮到其中包含的占星學元素和其他思想，卡巴拉主義思想可以追溯到古代近東、占星學的繁盛時期。伊本·伊茲拉並沒有採用《創世紀》中關於牡羊座名稱中有字母 *heh*（ה）的描述。對於伊本·伊茲拉的不同溯源，我沒有任何支持性文獻，以上的解釋也是我自己的理論；我假設伊本·伊茲拉有可能有其他的來源，甚至可能是他自己的創造。我不知道這是有意抑或無心的，但在數字命理學意義上，*heh*（5）等於 *Nun*（50）。

18 | 可能是與這個外觀偕升。

19 | 從位置上看，這裡可能指仙女座，儘管我找不到關於仙女座「光彩照人」的參考。

蛇一樣的**海魚**的尾巴[20]，**三角形**的前端，以及一頭牛的形態[21]。印度人稱這裡有一隻狗的頭，這只狗左爪抓著一支蠟燭，右爪握著一把鑰匙。他們的博學之人班巴卡（Banbakha）認為，牡羊座的第一個外觀上升起一個摩爾人，他的眼睛是黑色的，眉毛很直。他屬於巨人[族]。他自命不凡，裹著一件巨大的白色斗篷，上面繫著繩帶。他很暴躁，雙腳站立[22]。根據托勒密的說法，這個外觀上升起的形象是**坐在椅子上的女人**的背部，她的膝蓋和左手；**沒有丈夫的女人**的一半背部以及**私處**[23]，她的**裙裾**[24]，還有第二條魚，以及**亞麻繩帶**。

在牡羊座的第二個外觀中升起的形象有魚、**三角形**的中間部分、**動物**的一半，還有頭髮上插著梳子的**女人**、一副青銅盔甲以及**惡魔的頭顱**。印度人稱這裡有一個披著衣服和斗篷的女人的形象，她只有一

---

20 | 這可能是指雙魚座中東方的那條魚，但更有可能指的是鯨魚座，即**海怪**。參見 *S.N.* 第161頁：「……在所有的描述中，它一直是一種奇怪而兇猛的海洋生物，後來與仙女座安德洛墨達的故事聯繫起來。一開始，也許是幼發拉底河的提亞瑪特（Euphratean Tiāmat，譯註：古巴比倫神話中的混沌母神），提亞瑪特的其他形象還有天龍座、長蛇座以及巨蛇座（Serpens）；……」

21 | 與公牛形象的關聯描述參見 *S.N.* 第415頁，其中提到**三角座**（Triangulum）與狀若三角形的西西里島有關：「有時被認為是古希臘史詩《奧德賽》（*Odyssey*）中的神秘的太陽島特里那基亞（Thrinakia），太陽神之牛的牧場，高爾（Gower，譯註：十四世紀英國詩人）稱之為『梅拉的神聖公牛之地』（Mella's Holy Ox-land）。」

22 | *S.N.* 第36頁這樣描述仙女座 β 星：「……阿拉伯的米紮爾星（Mi'zar），**腰帶**。」「相對應的是奎宿（中國星宿）……**大步行走的人**或**正在跨步的腿**……」雙魚座中北方的那條魚非常靠近仙女座，因而共用這顆星，稱作「Al Risha」，即連結兩條魚的**繩帶**（*S.N.* 第338頁、342頁）。因此，或許是**腰帶**。
[羅伯特·漢補充]相比伊本·伊茲拉對此外觀的描述，《賢者之書》（*Picatrix*，譯註：中世紀魔法書）描述如下：「一個黑男人的形態，不安分，身體巨大，有紅色的眼睛，手裡拿著一把斧子，披著白色衣服；這一外觀有極大的價值。這個外觀無疑代表力量、高等級、財富。這就是它的形式。」
同樣的基本形象也出現在阿格里帕（Agrippa）的《神秘哲學三書》（*De Occulta Philosophia*）中，第二冊第三十七章寫道：「……在第二個外觀上升起一個女人的形象，外穿著一件紅色的衣服，裡面的白色袍子延展到她的腳踝。這個形象是高貴的，象徵王國的至高地位和偉大的統治……」

23 | 在希伯來文本中這個詞是「畏懼（fears）」，這是相當有問題的。利維-坎特拉把它譯成「……未婚女人和她的子宮……」。我以前見過「**畏懼**（מחפם）」這個詞也指代男性的生殖器，但從未見過用在女性身上。我把它翻譯成「私處（pudenda）」，基於這樣一種假設：希伯來文中的「畏懼」一詞是一種委婉的表達，就像「私處」一詞在拉丁文和英文中的意思一樣——也就是說，「涉及這一點，需要含蓄」。[羅伯特·漢補充]彼得的拉丁文譯本證實了這句話，其翻譯如下：「這裡升起的形象是一個獨身女人的一半背部，她的私密部位和外陰部被有條紋的衣服[覆蓋？]。」

24 | 這裡指的是仙女座 ξ 星，參見 *S.N.* 第38頁：「……**Al Dhail**，裙裾……」

條腿，她還有**馬**的形態²⁵。根據托勒密的說法，這個外觀上升起的形象有一個**坐在椅子上的女人**，**提著惡魔**[頭顱]**的人**的頭部和他的右手，**沒有丈夫的女人**的裙裾和她的腳，**公羊**的頭和羊角，以及**亞麻繩帶**的餘下部分。

在牡羊座的第三個外觀中升起的形象有一個坐在椅子上、被覆蓋著的年輕人，手中有聖像，還有一個男人低著頭，似乎正在向主哭泣。這裡還有**魚的腹部**和它的頭，**三角形**的最後一部分，以及**動物**的另一半。印度先賢認為這裡升起的形象是一個黃皮膚的人，他的頭髮微紅，脾氣暴躁，愛爭論，他戴著木質手鐲，手持棍棒，衣服是紅色的，他是一個鐵匠，他想做好事卻不能做²⁶。根據托勒密的說法，這個外觀的形象是**手持惡魔頭顱之人**，以及**公羊**的身體。

出生在[牡羊座]的人中等身材，長臉，大眼睛，大部分時間都眼睛低垂，看向地面。脖子粗壯，耳朵較弱，頭髮多捲曲，腿不太有力。言語輕快，愛說話，吃得很多。脾氣暴躁，有正義感，聲音並不

---

25 | 參見 *S.N.* 第35頁：關於仙女座 α 星——「**Alpheratz、Alpherat** 和 **Sirrah**，都來自阿拉伯人所謂的 **Al Surrat al Faras**，**馬的肚臍**，因為這顆恒星原來與飛馬座有關聯，它是從那裡被劃分到**女人**的頭髮上的；有人奇怪地稱它作 **Umbilicus Andromedae**（譯註：安德洛墨達之臍）。但在後世所有源自托勒密的阿拉伯天文學中，它被描述為 **Al Rās al Mar'ah al Musalsalah**，意為**被鎖鏈鎖住的女人的頭**」「在印度月亮黃道（lunar zodiac）中，這顆恒星與飛馬座的 α、β、γ星——**大四邊形**（the Great Square）——構成了一對星宿（*nakshatra*），它們是第24及25個星宿 **Pūrva** 和 **UttaraBhādrapadās**，意為**前面和後面的美麗或吉祥的腳**。也被稱作 **Proshthapadās，板凳的腳**。」這裡提到的「腿」可能是仙后座的元素，參見 *S.N.* 第145頁：「作為一個埃及的恒星形象，雷諾夫（Renouf，譯註：英國埃及學家）認為它就是所謂的**腿**，例如《亡靈書》（*Book of the Dead*）……提到：『歡呼，北方天空之腿出現在引人注目的大盆地中。』」
[羅伯特‧漢補充]仍出自《賢者之書》：「在牡羊座的第二個外觀上，升起一個女人，她穿著綠色的衣服，缺了一條腿。這是一個尊貴的外觀，象徵高貴、有價值和王位。這就是它的形式。」
這裡再次與阿格里帕在《神秘哲學三書》中的描述類似：「……在第二個外觀上，升起了一個女人的形態，外穿著一件紅色的衣服，裡面的白色袍子延展到她的腳踝。這個形象是高貴的，象徵王國的至高地位和偉大的統治……」
26 | 《賢者之書》：「在牡羊座的第三個外觀上，升起一個好奇的人，他手裡拿著一個金鐲子，穿著紅色的衣服，他想做好事卻做不到。這個外觀代表奧妙、精妙的職業，等等。這就是它的形式。」
阿格里特‧漢出自《賢者之書》：「在第三個外觀上升起一個白人，他面色蒼白，頭髮略帶紅色，穿著一件紅色的衣服，一隻手拿著一隻金色的手鐲，另一隻手握著一根木棍。他焦躁不安，像一個憤怒的人，因為他不能做他想做的事。這個形象被賦予智慧、溫順、歡樂和美麗。」[羅伯特‧漢]

洪亮。如果月亮落在牡羊座，或者她的特殊點[27]與凶星之一會合，代表有皮膚疾病、麻風病、耳聾以及禿頂問題。

出生在該星座第一個外觀的人皮膚黃，窄胸，比較瘦。左腿和左臂上可能有胎記。他有很多朋友，嫉惡如仇。

出生在該星座第二個外觀的人皮膚黑，臉龐英俊，身材適中。脾氣急但不含惡意，有節操，樹敵較多。

出生在該星座第三個外觀的人膚色黃中帶紅，願意避開人群。

就身體而言，牡羊座代表頭部、臉部、瞳孔以及耳朵。它代表的疾病[包括以下幾種]：突然跌倒而失去知覺[28]，耳朵、鼻孔、牙齒、眼睛的疼痛，以及那些看起來像潰瘍的皮膚瑕疵[29]。

根據埃及占星家的說法，[若]行星落在牡羊座，土星表示的疾病位置在胸部[30]，木星則表示在心臟，火星表示疾病在頭部，太陽表示疾病在生殖器官，金星表示疾病在腳部，水星則表示在腿部，月亮代表疾病與膝蓋有關。

牡羊座代表正義、慷慨的國王，戰士，火，殺戮以及路上的旅行者。

火星在牡羊座入廟，太陽在第19度入旺，土星在第21度入弱，金星在牡羊座入陷。在目前——4908年（譯註：指猶太曆4908年，

---

27 | 指幸運點。

28 | 即癲癇症。

29 | 麻風病？[羅伯特·漢補充]舍納（Schoener，譯註：1477-1547，德國數學家、占星家）曾指出牡羊座代表麻風病和膿痂疹。

30 | 當一顆行星入廟時，它相當於在它的第一宮，對應牡羊座。正如我們所知，星座對應著身體的各個部分，從第一個星座（牡羊座）對應頭部開始，第二個星座對應頸部、第三個對應手臂和肩膀、第四個星座對應胸部等等。因此當土星在牡羊座時對應胸部，這是因為牡羊座是自摩羯座起沿黃道順序計算的第四個星座。這個原則適用於本段落中提到的其他行星，並出現在其他星座的相關描述中。

即西元1148年），牡羊座第25度是水星的劣勢位置[31]。

[牡羊座]的三分性主星在日間是太陽，接著是木星；而在[夜間是木星]，接著是太陽；日間與夜間的共同主星是土星。

根據埃及占星家以及其他大部分非猶太占星家的說法，牡羊座第一個外觀的主星是火星，第二個外觀的主星是太陽，第三個外觀的主星是木星。但印度占星家認為，第一個[外觀]主星是火星，第二個主星是太陽，第三個主星則是金星[32]。

---

31 | 這裡指的是托勒密天文學中的水星地心軌道。該學說設想每顆行星都有兩個基本運行軌道，主要的軌道稱為均輪，小一些的軌道稱為本輪（epicycle）。下圖是行星基本運行軌道示意，並非特別針對水星。但此圖是以許多中世紀文獻中常用的方法繪製的。

事實上，圖中被黑色區域框定的這些圓圈被很多文獻作者想像成水晶般透明的實體，並且它們全都在旋轉。最外側的圓圈以地球為圓心，其中心點為圖示的「世界」。注意，行星均輪的圓心並非地球，因此均輪也稱偏心均輪，或簡稱偏心輪，其圓心為圖示的「均輪中心」（Center Deferent）。第三個圓心稱為「偏心勻速圓中心」（Center-Equant），均輪上的運動相對於此點而言速率是恆定的。本輪的中心繞著均輪做圓周運動，而同時行星則繞著本輪做圓周運動。本輪中心點的運動軌跡**大致**相當於行星圍繞太陽運行的軌跡，至少在動態意義上是這樣的。從圖中我們可以看出，行星因為這兩種運動的組合而離地球時遠時近。首先，均輪上的不同位置與地球的距離不同，其次，行星在本輪上的運動（這是導致「逆行」的原因）也會導致它趨近或遠離地球。**均輪**上離地球最遠的位置被稱為「auge」——至高點——這是阿拉伯詞語 awj 的英語化寫法。它經常被翻譯為「遠地點」（apogee），但這是不合適的，因為這沒有與行星在本輪上距離地球最遠的點區分開來。同樣，與至高點正對的點是均輪上離地球最近的位置，勉強稱為「近地點」（perigee），但是這個用法與「遠地點」一樣存在問題。

這些至高點移動得非常緩慢，因此在相當長的時間內，它們位置的精確度是可以接受的。這裡給出的是水星的至高點位置。水星的至高點在天秤座25°，因此其均輪至低點，即與至高點相反的位置，位於牡羊座25°。比魯尼的行星至高點位置見右表：

月亮因為移動得太快而沒有至高點。這些數值與伊本·伊茲拉的有一些偏差，因為他們所處的年代不同。比魯尼身處西元1029年，而伊本·伊茲拉身處西元1148年。有關該主題和其他地心天文學的更多資訊，請參閱我們編譯的阿布·馬謝《占星學入門節本》第14-18頁的註釋。

土星	6° ♐ 48'
木星	16° ♍ 43'
火星	8° ♌ 33'
太陽	24° ♊ 32'
金星	24° ♊ 39'
水星	23° ♎ 43'

32 | 這是根據行星在天球中的高度自上而下形成的迦勒底秩序：土星、木星、火星、太陽、金星、水星和月亮。[羅伯特·漢補充]實際上，關於哪一個外觀由哪顆行星主管的問題，伊本·伊茲拉有所混淆。他提到的第二種外觀主星順序（火星、太陽、金星）係根據迦勒底秩序確定，已在西方古典占星文獻中發現其來源。而第一種外觀主星順序則是根據以牡羊座為首的火象三方星座的主星（牡羊座—火星；獅子座—太陽；射手座—木星）來確定的（不要把它們與牡羊座的三分性主星相混淆），這才是印度占星的觀點。它也成為現代西方占星系統中最常用的外觀主星系統。

以下是埃及和巴比倫[33]占星家們認為的界及其主星：6度[分配給]木星，6度給金星，8度給水星，5度給火星，5度給土星。

根據托勒密的說法，前6[度分配給]木星，[……希伯來文文本中接下來的內容缺失……][34]

……第二個（譯註：指第二個九分部）的主星是金星，第三個是水星，第四個是月亮，第五個是太陽，第六個是水星，第七個是金星，第八個是火星，第九個是木星。星座的每一個九分部是3⅓度。所有九分部都具有那個星座以及星座主星的自然屬性。

[星座的]十二[分部主星]：第一個是火星，第二個是金星，第三個是水星，第四個是月亮，第五個是太陽，第六個是水星，第七個是金星，第八個是火星，第九個是木星，第十以及第十一個是土星，第十二個是木星。但以諾（Enoch）以及古人用不同的方法給星座分配十二[分部]主星，他們認為每一個星座的第一個度數具備那個星座本身的屬性，第二個[度數]則具備接下來那個星座的屬性，[以此類推]第十三個度數以及第二十五個度數都會回到該星座本身[35]。

印度占星家認為，一個星座的前3個度數是中性的——既非光亮度數也非暗黑度數，接下來5度為暗黑度數，之後8度為中性度數，接下來4度為光亮度數，接下來4度是暗黑度數，接下來5度是光亮

---

33 | 不要把這些內容與托勒密在《占星四書》第一冊中提及的迦勒底界相混淆。[羅伯特·漢]

34 | 從拉丁文文本中可知：「據托勒密說，第一，木星的6[度]；第二，金星的8[度]；第三，水星的7[度]；第四，火星的5[度]；第五，土星的4[度]。」
「第一個九度是火星的，第二個是金星的……」文本從「第二，金星的8[度]」變成「第二個是金星的」顯然是抄寫錯誤導致內容有所遺漏。[羅伯特·漢]

35 | 這似乎是莫諾摩伊拉（*monomoiria*，譯註：即單一度數主管系統）的另一種形式，該系統將每一度與一個星座相關聯。參見保羅（Paulus）的著作第五章及第三十二章。[羅伯特·漢]

度數，然後是1度的暗黑度數[36]。

星座的前7個度數是陽性的，接下來2度是陰性的，然後6度是陽性的，再7度是陰性的，最後8度是陽性的[37]。

這些是行星的缺陷度數：第6度、第11度、第17度和第23度。賦予恩典和榮耀的度數是19。[38]

其中第一星等的恒星中最亮的一顆被稱作「**河之盡頭**」，它目前位於牡羊座17度，黃緯南緯13½°[39]，它的性質類似木星與金星的結合。

金牛座是土象星座、陰性星座及夜間星座，代表溫暖的季節。它是固定[星座]，星座中每天的[日光時]相對于均等的小時都在增加。它是短上升星座，是扭曲星座。它是仁慈和精緻的星座，代表牛育。它整體上是熱和冷相混合的星座，但它的濕要多過乾。它的前段代表風和黑暗，中段是冷和濕潤的，[後段]則代表雷、火、閃電及流星。它的左邊（北部）是溫和的，右邊（南部）則是炎熱的。它是一個四足帶蹄的動物形象，不過它的四肢不見了[40]。它是半有聲星座。

---

36 | 對於光亮和暗黑度數，比魯尼的說法有些不同。關於這一屬性的解釋，他在第270頁（譯註：《占星元素說明》[*The Book of Instruction In The Elements of The Art of Astrology*]，下同）說：「關於光亮度數和暗黑度數的區分……不是基於任何系統，因此必須藉由附加的（給定）表格來判定。然而，占星師們也用它來決定顏色、善與惡、強與弱、歡樂與悲傷、困難與安逸。但關於這個內容沒有找到兩本一致的書，也不太可能找到。」

37 | 伊本·伊茲拉的度數與比魯尼表格的度數（第269頁）一致。但是，比魯尼對這種分類表示了極大的懷疑，因為它不是基於任何合理的基礎。他提到了關於這種分類的爭議，以及其他使用中的分類方法。[羅伯特·漢補充]在《赫密斯之書》（*Liber Hermetis*）第二章中有另一種區分星座陽性和陰性度數的系統。這種系統以上文提及的將星座自身作為開始的十二分部劃分方法為基礎。十二分部的陰陽性決定了度數或部分的陰陽屬性。

38 | 這兩種分類方法都與比魯尼書中第271頁所列的「增加和減少幸運的度數」相匹配。

39 | 天文星座波江座（River Eridanus）位於**公羊**以南。參見*S.N.*第217頁：「**水委一**（Achernar）……**河之盡頭**，它目前在星座中的位置距離南極點32°；但是最初這個名字屬於現在編號為θ的恒星，這是當時的阿拉伯天文學家所知道的這條長河中最遠的一顆恒星……」在*S.N.*第219頁的標題下：「θ，雙星，3等和5.25等」「**Achernar**是這顆[恒星]早期的名稱，它被公認位於長河的最末端……」「在北半球初冬的夜晚，紐約市所處的緯度地區的人們能夠觀測到這顆孤星，它低懸於南方天空，與鯨魚座天囷一（Menkar of the Whale）同在子午圈上。但拜利（Baily，譯註：十八至十九世紀英國天文學家）認為，它的亮度可能自托勒密時代以來就有所減弱，因為托勒密將其命名為α，換句話說，它屬於第一星等。」

40 | 描繪出的**公牛**形象沒有後半身。

它對應南方的右邊，代表南風；它的質料是冷和乾，[但是]略顯溫和。

它是壓抑沮喪的，但不那麼嚴重[41]。它性情平和，代表的味道是帶著酸澀的甜，代表顏色是綠色和白色，它代表四足偶蹄的動物。

它代表的植物包括高大的樹木、所有結果實的樹木、需要少量水的植物、任何生長在山上並能結出有用果實的樹木，以及味道好、芳香怡人的種植樹木。

它代表第五個區域[42]，代表的地區包括庫什（Kush）[43]、馬欣（Mahin）、哈姆丹（Hemdan）[44]、阿卡特（Acart）、非洲自克里萬（Qreevan）至阿撒巴勒斯（Asarbalus）地區、庫法（Alkufa）、巴茲拉（Al-Batzra）以及埃及的阿斯旺（Assouan）。

它代表所有需要牛和大象耕作的平原土地，花園和果園，芳香植物種植地，以及所有適宜作物生長的氣候溫暖的土地。

金牛座代表的字母是 *dalet* (ד) 和 *samekh* (ס)。它代表的年數是8，代表的月數也是8，它代表的日數是20，代表的小時數是16。

在金牛座的第一個外觀中升起的是**英雄**的形象，他左手持**劍**，右手握著一根**棍棒**，肩膀上有兩支**蠟燭**[45]。那裡還有一艘**大船**[46]，其上方有一頭**獅子**，一個裸身男子坐在那裡，**大船**之下有一個死去女人的半

---

41 ｜即它屬於憂鬱質（melancholy）。

42 ｜這裡指的是第五氣候區，參見本章註釋13。[羅伯特·漢]

43 ｜可能是指埃塞俄比亞。

44 ｜這些地名中有一些我也不熟悉，於是我進行了音譯，可能有些母音上的錯誤。總之，伊本·伊茲拉似乎沿用了阿拉伯占星家的提法，可能也結合了托勒密將地球上不同區域分配給不同星座的方案。這個方案基本遵循托勒密將土象三方星座分配給東南象限的做法。伊本·伊茲拉的描述與比魯尼的表格基本一致，其表格參見《世界天宮圖》（*The Book of World Horoscopes*）新版第508、514頁，以及比魯尼的著作第220頁。見參考文獻部分。

45 ｜這些應該指的是兩顆明亮的恒星：右肩上的是獵戶座 α 星，參宿四（Betelgeuze）；左肩上的是獵戶座 γ 星，參宿五（Bellatrix）。

46 ｜指南船座。

身，還有另一個人的形象。印度人認為那裡有一個長髮女子，她有一個兒子，他的衣服部分被火燒渦[47]。根據托勒密的說法，這裡升起的是**手持惡魔頭顱之人**的半身、**公羊**的尾巴，以及**河**之盡頭的水流。

在金牛座第二個外觀中升起的形象有一艘**船**，一個手持鑰匙的裸身男子，以及死去的女人身體的另一半。印度占星家認為這裡升起一個男人形象，他的臉和身體類似一頭公羊，手指像山羊的蹄，他的妻子則像牛。這個男人非常熱情以及貪食，他的靈魂無法休息。他平整土地，驅使牛犁田和播種[48]。此外這裡還升起一個美麗的女性形象，右手持杖，左手抬起[49]。根據托勒密的說法，這裡升起的是**手持惡魔頭顱之人**的膝蓋、腿和腳，**公牛**的後背、角、前腿、腹部和右足，以及**長河**的開端和中部。

在金牛座的第三個外觀中升起的形象有：一具身體的末端，類似**狗頭**[50]；一個手裡抓著動物的站立的人，他有兩輛車，由兩匹馬拉著，其中一輛車上坐著一個年輕人，手裡抱著一隻羊[51]。

---

47 │《賢者之書》：「在金牛座的第一個外觀上升起一個頭髮捲曲的女人，身邊有一個孩子，穿著像是被火燒過的衣服，她自己的衣服也是這樣的。這個外觀代表在土地上耕種和工作、科學、幾何學、播撒種子和製造東西。這就是它的形式。」
阿格里帕：「在金牛座的第一個外觀上升起一個裸體男人，一個**弓箭手**，**收割者**或**農夫**，出去播種、犁田、建造，人們根據幾何學的定律劃分土地……」顯然《賢者之書》與阿格里帕對此的說法有矛盾之處，但伊本‧伊茲拉描述的形象更符合《賢者之書》。[羅伯特‧漢]

48 │《賢者之書》：「在金牛座的第二個外觀上升起一個貌似駱駝的男人，他的手指像牛蹄，他的全身被撕裂的亞麻單子所覆蓋。他渴求耕種土地、播種以及製作東西。這個外觀代表高貴、權力以及獎勵人民。這就是它的形式。」
阿格里帕：「……在金牛座的第二個外觀上升起一個裸體男人，手握鑰匙；它賦予人權力、高貴和統治權……」[羅伯特‧漢]

49 │可以在 *S.N.* 第313、314頁關於獵戶座左肩恒星參宿五的描寫中發現這個女性形象：「**Bellatrix**，**女戰士**，**亞馬遜之星**，源於《阿方索星表》對參宿五的阿拉伯名稱 **Al Najīd——征服者**——不精確的翻譯。」「在占星學中，它是註定會在民事或軍事領域獲得偉大榮譽的本命恆星，在其影響下出生的女性都十分幸運和健談；或者，就像老托馬斯‧胡德（Tomas Hood，譯註：1799-1845，英國詩人）說的那樣：『在這個星座出生的女人會有強大的舌頭。』」

50 │這指的可能是天狼星（Sirius），大犬座的**犬**星。參見 *S.N.* 第121頁：「據稱古羅馬詩人奧維德和維吉爾（Vergil）在談到**吠叫的阿努比斯**（**Latrator Anubis**）時提到了天狼星，它是一個人身豺面或狗面人身的埃及神，是可見地平線以及至點的守護神。」

51 │這可能是指御夫座，**駕馭戰車之人**，被描繪為左肩扛著一隻大山羊，手腕攏著小山羊們。參見 *S.N.* 第83頁。

印度占星家認為這裡升起一個男人的形象，他的腳是白色的，牙齒也是白色的，非常長，以至於露在嘴唇外面。他的臉色微紅，頭髮也是如此，他的身體像一頭大象和一頭獅子；他不理性，所有的思想都是[傾向]邪惡的，他坐著支撐自己。那裡還升起一匹馬、一隻狗，以及一頭小牛犢[52]。根據托勒密的說法，這裡升起的形象是**手持惡魔頭顱之人**的右腳，**執韁人**的肩膀、他的頭、膝蓋、左手以及他的角[53]，**公牛**的末尾，以及**長河**的開端。

出生於此星座的人身姿挺拔，長臉，大眼睛，脖子粗短，有寬闊的額頭，尖鼻子以及捲曲的頭髮。他所說所想都有些令人困惑。他的頭髮很黑，四肢較短，好色又貪吃，有對抗性[54]。出生在昴星團所在度數，也就是金牛座13°至15°[55]的人，會有眼疾[56]。

出生于金牛座第一個外觀的人個子矮，大眼睛，厚嘴唇，脖子上有一塊胎記，生殖器上也有一塊。他很慷慨，朋友很多，他喜歡各種各樣的快樂。

出生于金牛座第二個外觀的人會有圓臉、寬闊的胸部和美麗的眼睛，性格慷慨，有智慧。他長髮及肩，腰部位置有胎記。有些人會有動脈疼痛。

出生于金牛座第三個外觀的人有健美的身體和英俊的臉龐，胎記

---

52 |《賢者之書》：「在金牛座的第三個外觀上升起一個面色紅潤的男人，他又長又白的牙齒露出口外，他的身體像一頭大腿象。和他一起升起的還有一匹馬、一隻狗以及一頭牛犢。這個外觀代表懶惰、貧窮、痛苦和恐懼。這就是它的形式。」
阿格里帕：「……在金牛座的第三個外觀上升起一個男人，手握一條**蛇**和飛鏢；這是必需品和利益的形象，也是痛苦和奴役的形象……」[羅伯特‧漢]
53 | 指五車二——御夫座的恒星。參見 *S.N.* 第86、87頁：「五車二，……**阿瑪爾忒亞**之名來自克里特島的山羊，是朱庇特的乳母……」「也有其他說法，據說這顆恆星代表玩耍中的嬰兒朱庇特折斷的山羊角，後被升入天空成為 **Cornu copiae**，即**豐饒之角**。」
54 | 這裡可能是指金牛座出了名的固執。
55 | 現在昴星團位於金牛座的末尾度數。
56 | 這個區域有一個雲狀星團，傳統上認為雲狀星團會導致失明及其他的眼睛問題。

會在左眼上方。他工作很努力，沒有女人緣。在星座最後幾度出生的人將是被閹割者或雌雄同體者。

金牛座代表人身體的脖子和喉嚨部位，以及與這些部位相關的疾病，如流行性腮腺炎、斜頸以及甲狀腺腫大[57]。

根據埃及占星家的說法，土星落在金牛座代表的疾病與心臟有關，木星表示在胃部，火星落在金牛座代表疾病在頸部，太陽表示疾病在膝蓋，金星表示疾病在頭部，水星則在腳上，月亮落在金牛座則代表疾病與腿部有關。至於星座對應的疾病則與牡羊座一致[58]。

金牛座代表的人[身材]中等，性欲旺盛，貪吃嗜酒，耽於享樂與跳舞。

金星在金牛座入廟，月亮在金牛座第3度入旺。火星的北交點在金牛座第10度，並且[火星]在此星座入陷。

三分性土星在日間是金星，接著是月亮；而在夜間是月亮，接著是金星；日間與夜間的共同主星是火星。

根據埃及占星家以及波斯占星家的說法，金牛座第一個外觀的主星是水星，第二個外觀的主星是月亮，第三個外觀的主星是土星。但印度占星家認為，其第一個外觀的主星是金星，第二個外觀的主星是水星，第三個外觀的主星是土星[59]。

以下是埃及以及所有[其他]占星家們關於界的共識：[前]8度[分配給]金星，接下來6度給水星，8度給木星，5度給土星，3度給火星。根據托勒密的說法，8度給金星，7度給水星，7度給木星，2度給火星，6度給土星。

---

57 | 拉丁文文本此處有：「淋巴結核，咽喉腫脹，以及與之相關的收縮和皺紋」。
58 | 其中的原因我並不熟悉。
59 | 這一次文本中兩種系統的外觀主星歸屬是正確的。參見本章註解32。[羅伯特·漢]

[該星座]第一及第二個九分部主星是土星，第三個是木星，第四個是火星，第五個是金星，第六個是水星，第七個是月亮，第八個是太陽，第九個是水星[60]。

[該星座]第一個十二分部的主星是金星，第二個的主星是水星，第三是月亮，第四是太陽，第五是水星，第六是金星，第七是火星，第八是木星，第九及第十是土星，第十一是木星，第十二個是火星。

星座由頭到尾前3個度數是混合度數，之後2度是光亮度數，接著2度是空白度數，之後8度為光亮度數，接著5度為空白度數，接著3度是光亮度數，最後2度為混合度數[61]。

星座的前7個度數是陽性的，接下來8度是陰性的，之後15度是陽性的。

星座中行星的缺陷度數是第5度、第12度[62]、第18度、第24度、第25度和第26度。賦予恩典和榮耀的度數是第3度、第15度、第27度以及第30度。

該星座中的超級恒星有：位於金牛座14°、黃緯北緯22°20′的**「麻風病人的背部」**[63]，這是一顆二等星，其性質類似金星。**「惡魔的頭顱」**[64]，這是一顆位於金牛座15°、黃緯北緯23°3′的二等星，它兼具木星和土星的性質。還有一顆明亮的恒星被稱作**「公牛的左眼」**[65]，它位於金牛座28°、黃緯南緯5½°，一等星，其性質類似火星與金星的混

---

60 ｜注意：九分部主星的分配方式，是以該星座所屬的三方星座中的啟動星座主星為起始來確定的。（譯註：以金牛座為例，其為土象星座，因此金牛座第一個九分部的主星是土象啟動星座摩羯座的主星——土星。）

61 ｜這裡度數相加不到30度。[羅伯特·漢補充]拉丁文文本的差別很大，很可能也不可靠，其內容如下：「星座的前3度是混合度數或中等度數，接下來6度是光亮度數，接著2度是空白度數，之後8度為光亮度數，接著5度為空白度數，接著4度是光亮度數，最後2度為混合度數。」。

62 ｜拉丁文文本中此處是第13度。[羅伯特·漢]

63 ｜我無法確認這顆恒星。

64 ｜即大陵五。

65 ｜即畢宿五（Aldebaran）。

合。它是致命恒星（deadly stars)[之一]，當生命的徵象星與之會合時，會受到致命影響。

至於暗星，一顆位於金牛座10°、黃緯北緯20°40′，另一顆位於金牛座12°、黃緯北緯40°，[並且都]屬於致命恆星。

雙子座是風象星座、陽性星座及日間星座，代表西方、炎熱的季節。它有兩個身體[66]。星座中每天的[日光]時相對於均等的小時都在增加，當它結束時，白晝的時間是一年中最長的（譯註：雙子座結束即巨蟹座的開始——夏至）。在所有地區它都是短上升星座。它象徵著一種[可促進]成長的筆直挺立的屬性，完美的富足，以及一切有利於動植物的東西。

雙子座整體而言是溫和的星座。它的前段是潮濕的，中段是溫和的，末段則是多變的。它的北側會產生地震和風[67]，它的南側則會引發惱人的[天氣]。它是人形星座，有完美的四肢[68]。它是荒地星座。

雙子座對應西方的右邊，代表西風。它的質料是熱和濕[69]。

雙子座代表[身體]中的血液，代表非常甜的味道，代表那些變化多端的顏色。它代表人、猴子以及啼聲悠揚的鳥，代表的植物是高大的樹木。基本上雙子座可代表一切高遠的東西，如天空、空氣和風。

雙子座代表第六個區域[70]，代表的地區包括伊朗、亞美尼亞、大亞比甸（greater Abidian）、亞蘭（Yalan）、布萊恩（Brian）、巴爾

---

66 | 也就是說，它是**雙體**星座。[羅伯特·漢]
67 | **雙生子**中的北河二（Castor）及北河三（Pollux）與風暴天氣、船隻殘骸等相關，它們被認為是航海者的守護星。雙子座的主星水星也是一顆帶來風的行星。
68 | 當天文星座的身體形象有缺失的部分時，也會在占星學徵象上有所反映，就像我們之前在牡羊座及金牛座中看到的情況。
69 | 風元素是熱和濕的結合。
70 | 指第六氣候區。參見前文註釋13。[羅伯特·漢]

卡（Barqa）、哈隆（Khalon）、以色列、埃及、伊斯法罕（Ispahan）和基爾曼（Kirman）。

它代表險峻而高聳的山脈，有獵鳥人、骰子玩家或音樂家的地方。

它代表的字母是 *gimel* (ג) 和 *a'yin* (ע)。它代表的年數是20，代表的月數也是20，它代表的天數是50，代表的小時數是4。

雙子座的第一個外觀中，升起人身狗面者形象的尾巴，以及一個手拿棍棒的男人。在南面升起兩匹馬拉著兩輛輕便馬車，一個男人正坐在上面駕馭著它們[71]。這裡還升起**獨角獸**的頭部。印度占星家認為，這個外觀的形象是一個美麗的女人站立在空中，她還會縫紉[72]。托勒密則認為這個外觀升起的形象有**執韁人**的頭、他的右腳，**公牛**的角，**狗**的肩部和它的左腳，以及**野兔**的頭和它的爪子。

雙子座第二個外觀中升起一個男人，他正在演奏手中的金樂器，還有一隻動物站在一棵樹上，以及一隻爪子上有記號的狼。印度占星家認為，這個外觀升起的形象是一個黑人，他的頭上綁著鉛，手持武器，他頭戴鐵質頭盔，上面有一個絲質的冠，手裡拿著弓箭。他喜歡嘲弄和拙劣的模仿，在有樹木及花卉的園林裡徘徊，手裡拿著一些石榴；他用手擊打石頭，演奏[音樂]，並且在花園裡採摘花朵[73]。根據

---

71 | 作為**雙生子**的恒星之一，北河二被稱為「**騎士**」，但這有可能與**駕馭戰車之人**（御夫座）相混淆。御夫座其實位於**雙生子**的西北方向，在北緯地區可被觀測到。

72 |《賢者之書》：「在雙子座的第一個外觀上升起一個美麗的女人，一個正在縫紉的主婦。和她一起升起的還有兩頭小牛和兩匹馬。這個外觀代表抄寫的藝術、計算、數字、給予和接受[換言之，交易]，以及科學。這就是它的形式。」
阿格里帕：「……在雙子座的第一個外觀上升起一個手持棍子的男人，他彷彿正在服侍另一個人。這個外觀賦予智慧、數字的知識以及沒有現實利益的藝術……」阿格里帕描繪的形象已經開始偏離伊本‧伊茲拉和《賢者之書》的描述了。[羅伯特‧漢]

73 |《賢者之書》：「在雙子座的第二個外觀上升起一個男人，他的臉像鷹，頭上裹著麻布；他身上穿著鉛製的胸甲，頭戴鐵質頭盔，上面有一個絲質的花環；[他]手裡拿著弓和箭。這個外觀代表負擔、邪惡以及微妙。這就是它的形式。」
阿格里帕：「……在雙子座的第二個外觀上升起一個手持管子的男人，另一個正彎腰接地的人；它們象徵聲名狼藉和不誠實的機敏，就像小丑和雜耍者那樣；它也意味著勞動和痛苦地尋找……」[羅伯特‧漢]

托勒密的說法，這個外觀升起的形象有**執韁人**的右手、後一頭**公牛**[74]的腿，**巨人**的手、肩膀、頭、胸、腰帶、膝蓋以及後腿，還有**野兔**的腹部和尾巴。

雙子座第三個外觀中升起一個驚恐的人，頭上戴著頭巾，手裡拿著黃金製成的弦樂器。這裡還升起一隻吠叫的**狗**[75]，一隻海豚，一隻猴子，裁縫的線，**小熊**的前半部分，以及纏繞在**室女**足部的**獨角獸**的尾巴[76]。印度占星家認為這裡升起一個背著弓和箭袋的男人，他在尋找武器，他的手裡拿著劍、衣服和金飾，他很想演奏音樂、歡笑以及以各種方式嘲笑[77]。根據托勒密的說法，這個外觀升起的形象有**雙生子**中後一個人的肩膀，他的手、臀部、右腳和生殖器，**野兔**的尾巴，**狗**的嘴巴、爪子以及右腿，**船**的第一隻槳以及第二隻槳的一部分。

出生在這個[星座]的人身形挺拔，有寬大的胸脯，俊美的身體和臉龐。有雄辯的口才，聲音有力，性格慷慨，肩膀寬闊，有美麗的眼睛和捲曲的頭髮。他工作起來很快速，所有的手藝都很熟練。他們之中有作家、數學家、天文學家和占星家，以及偉大的科學家。這樣的人是值得信任的，他對於上帝的敬畏也是適度的[78]。

出生於雙子座第一個外觀的人有俊美的身體、眼睛和美麗的頭髮，頭上或臉頰上會有胎記。他的面容瘦削，不生氣，工作努力，沒

74 | 我們不知道在那個區域還有第二頭公牛。但是根據*S.N.*第378、379頁關於金牛座的描述：「……**公牛**通常被描繪成只有前半部分……」「金牛座這種殘缺不全的形象，使其在早期的星座目錄中經常被命名為『**金牛座的一部分**』（Sectio Tauri），這個名字後被阿拉伯人採用，這個星座形象在o星處被一分為二，而後半部分被保留作為一個子星座。」

75 | 可能指小犬座，在部分描述中也稱此處為大犬座。

76 | 獨角獸座離室女座相當遠，但它的角尖離長蛇座——**水蛇**的頭並不太遠。長蛇的身體非常長，一直延伸到室女座的腳邊。

77 | 《賢者之書》：「在雙子座的第三個外觀上升起一個穿著胸甲的男人，手裡拿著弓箭和箭袋。這個外觀代表大膽、誠實、勞動的分工和減輕。這就是它的形式。」
阿格里帕：「在雙子座的第三個外觀上升起一個男人，他正在尋找**武器**，還有一個傻瓜右手握著一隻鳥，左手拿著一支管子。這個外觀象徵健忘、憤怒、大膽、戲謔、粗俗，以及一些無益的詞語：……」[羅伯特‧漢]

78 | 並不是很虔誠。

有女人緣。

出生於雙子座第二個外觀的人身材矮小，[膚色]黝黑，手臂下有黑色的胎記。他善於演說，有道德，英俊而慷慨，與國王相交。

出生於雙子座第三個外觀的人臉型狹長，小眼睛。他性喜炫耀，淫蕩好色，言語不當，是一個騙子。出生在雙子座末尾的人眼睛不太好[79]。

雙子座代表人身體的肩胛骨、手臂、手和肩膀。它代表的疾病與血液以及上述提到的部位相關。根據埃及占星家的說法，土星[落在其中]代表疾病與胃有關，木星表示在臀部，火星代表在肩膀，太陽表示在大腿，金星表示與脖子相關，水星則表示在頭上，月亮則代表疾病在腳上。

雙子座代表的人物有國王、顯要之人、英雄、魔術師、巫師，以及那些有標籤和護身符的人。[它還代表]所有與玩耍、音樂、手工藝相關的東西，以及所有精妙的技藝。

水星在雙子座入廟，北交點在雙子座第3度入旺，木星在雙子座入陷。當前太陽在雙子座位於最高位置，金星在27°位於最高位置，而土星在12°處於劣勢位置[80]。

雙子座的三分性主星在日間是土星，接著是水星；而在夜間是水星，接著是土星。日夜間的共同主星是木星。

根據埃及以及巴比倫占星家的說法，雙子座第一個外觀的主星是木星，第二個是火星，第三個是太陽。而印度占星家認為，雙子座第一個外觀的主星是水星，第二個是金星，第三個是土星。

---

79 | 或許是因為那個區域有**螃蟹**的蜂巢星團（Beehive，譯註：即積屍氣）。但這一點並不確定，因為此時回歸黃道雙子座的後半部分仍然處於天文星座**雙生子**中。

80 | 這些是至高點或至低點的數值。參見前文註解31。

以下是埃及以以及[其他]占星家們關於界的說法：6度[分配給]水星，6度給木星，5度給金星，7度給火星，6度給土星。根據托勒密的說法，7度是水星界，6度是木星界，7度是金星界，6度是火星界，4度是土星界。

第一個九分部主星是金星，第二個是火星，第三個是木星，第四和第五個是土星，第六個是木星，第七個是火星，第八個是金星，第九個是水星。

第一個十二分部的主星是水星，第二個的主星是月亮，第三個是太陽，第四個是水星，第五個是金星，第六個是火星，第七個是木星，第八及第九個的主星是土星，第十個是木星，第十一個是火星，第十二個是金星。

雙子座由頭到尾前7個度數是光亮度數，隨後3度是混合度數，接著7度是空白度數，之後6度為光亮度數，最後6度為混合度數[81]。

星座由頭到尾前6個度數是陰性的，接下來11度是陽性的，之後6度是陰性的，接著4度是陽性的，最後3度是陰性的。

缺陷度數是第2度、第12度、第17度、第26度和第30度。賦予恩典和榮耀的度數是第11度。

在**雙生子**的左腳部位有一顆恒星，它位於雙子座5°、黃緯南緯31°40′，是一等星，[其性質類似]火星與金星的結合[82]。他的左肩部位還有一顆恒星，位於5°，黃緯南緯17½°，為二等星，[其性質類

---

81 | 前文所列度數相加不到30度。拉丁文文本記錄如下：「星座前7度是光亮度數，接著3度是混合度數，5度是光亮度數，3度是空白度數，6度為光亮度數，6度為混合度數。」[羅伯特‧漢]
82 | **雙生子**是一個北方星座，所以我無法確定這裡是一個抄寫誤誤是指另一顆或許與**雙生子**之一的腳借升的恒星。這個困惑也出現在下文提及的恆星上。

似]火星與水星的結合[83]。在星座的第10度**執韁人**的位置有一顆恒星，它是位於黃緯北緯16°的一等星，[其性質類似]木星與土星的結合。在星座的第11度、黃緯北緯22½°還有一顆重要恒星，即被稱作*Al-Ayuk*的一等星，[其性質類似]木星與土星的結合。在腰帶位置還有一顆中等恒星，它位於星座第15度、黃緯南緯24°45′，是二等星，[其性質也類似]木星與土星的結合。在**雙生子**位於右側者的肩部還有一顆一等星，它位於星座第16度、黃緯南緯17°[84]，[其性質類似]火星與水星的結合。在**雙生子**位於右側者的腳部有一顆一等恒星，它位於星座的第24度、黃緯南緯11½°，[其性質類似]火星與金星的結合。在**狗**的位置還有一顆叫做Al-Shari Al-Abur[85]的恒星。至於暗星，**巨人**的頭部位置有一顆**雲狀**恒星，位於星座第12度、黃緯南緯13°50′[86]，這也是一顆致命恒星。

巨蟹座是水象星座、陰性星座及夜間星座。它代表北方、夏季。它是改變的，因為時節在此轉變。巨蟹座伊始，白晝開始縮短，夜晚開始增長。星座中每天的[日光]時都比均等的小時長。它是不斷增加的[87]直行（straight）星座。

　　整體而言，它代表[適合]生長和繁殖的適度的冷和濕[88]，它也有一些度數代表熱和濕。它的前段是乾燥和具破壞性的，中段是溫和

---

83 ｜ 此處同上。這個黃緯緯度與**雙生子**不相符，但其他的描述與阿什曼（Ashmand）翻譯的《占星四書》第一冊第九章第25頁中的描述相符：「雙子座腳部的恒星影響力類似水星和適度的金星。大腿部位的亮恒星性質似土星。在頭部的兩顆亮恒星中，前面的那顆是『阿波羅』（Apollo，北河二），其性質似水星；另一顆緊隨其後的恒星叫做『大力神』（北河三），其性質類似火星。」[羅伯特．漢]

84 ｜ 這裡應該是「北緯」，因為**雙生子**的肩膀無論對赤道還是黃道而言都位於北方天空。

85 ｜ 此處原文是*Al-Shari Al-Abud*（אלשערי אלעבוד），但是字母*resh*（ר）很容易被錯寫成*dalet*（ד）。根據*S.N.*第119、120-121頁的描述，這很可能是指大犬座的天狼星。

86 ｜ 如果**巨人**是指獵戶座，那麼它就在黃道以南，因為獵戶座橫跨赤道，頭部位置在赤道以北。

87 ｜ 也就是說，星座靠後度數的上升時間比前面度數的上升時間要長。[羅伯特．漢]

88 ｜ 水元素是冷和濕的。

的，末段則是濕潤的。它的北方（北部）會發熱和燃燒，而南方是濕潤的。

巨蟹座是水生動物的形態，它代表正北[方向]和北風。它的質料是冷和濕，代表人體中黏液質和一切有溫和的濕寒性質的東西。[它代表]的味道是酸和鹹[89]，[代表]顏色是白色、土壤的顏色、煙霧色以及與其類似的顏色。它代表所有水生動物、蝦、小魚，以及陸生的蠍形動物及[其他]爬行動物。總之，巨蟹座[代表]流動的水，所有近水的草木，雨水以及新鮮的水。

巨蟹座代表第七個區域[90]，代表的地區包括超出木坎（Muqan）和阿德里安（Adrianan）的小亞美尼亞地區、東庫拉薩（eastern Kourassa）、欽（Tzin）、非洲部分地區以及巴爾赫（Balkh）。

巨蟹座代表湖泊，所有的海濱和河岸，以及中等高度的樹木。

巨蟹座代表的字母是 *dalet*（ד）和 *peh*（פ）。它代表的年數是25，代表的月數也是25，它代表的天數是5，代表的小時數也是5。

在巨蟹座第一個外觀上升起**大熊**的後半部分，在[前面]提到的[形象]附近，還有一個裹著衣服的人。此外有一隻銅頭鐵豬和一個少女的形象升起。印度占星家說這個外觀中升起一個英俊的穿著衣服的年輕人。他生病了，臉部和手指都有一些彎曲，身體既像馬又像大象。他的腳是白色的，身體上有樹形裝飾物，坐在一個生長著香莖植物的果園裡[91]。根據托勒密的說法，這個外觀上升起的有**大熊**、**雙生子**的兩個頭、第一個**雙生子**的後部以及他的手、**小狗**、**大狗**的剩餘部

---

89 ｜ 在大多數其他資料中，水象星座只與鹹味有關。[羅伯特‧漢]
90 ｜ 指第七氣候區。參見前文註釋13。[羅伯特‧漢]
91 ｜《賢者之書》：「在巨蟹座的第一個外觀上升起一個男人，他的手指和頭都扭曲了，身體類似馬，他有白色的腳，身上有無花果的葉子。這個外觀代表教學、知識、愛、奧妙和技藝。這就是它的形式。」
阿格里帕：「……在巨蟹座的第一個外觀上升起一個年輕的**處女**，衣飾精美，頭上戴冠。它代表了敏銳的感官，精妙的智慧，以及對男人的愛……」[羅伯特‧漢]

分,以及**船**的腹部。

在巨蟹座第二個外觀上升起的有一個像**雲朵**[92]一樣的少女形象,還有一半**狗**的形象以及一半北方**驢耳**[93]的形象。印度占星家認為,這裡升起的形象是一位美麗的少女,她的談吐令人愉悅,頭戴一頂桃金娘花冠,手持一根木杖;她渴望美酒和音樂[94]。根據托勒密的說法,這個外觀上升起的有**大熊**的頭,**螃蟹**的背面,以及**船**的腹部。

在巨蟹座的第三個外觀上升起的是一個少女形象,時而向東行,時而向西走。那裡還有**狗**的後半部分,另一半的北方**驢耳**,以及第二隻、即南方的**驢子**的形象。印度占星家說這裡升起的形象是一個男人,他的腳像動物的腳,他的身體上也有一個動物,他企圖進入一艘船駛向大海,取回金銀為他的妻子們製作戒指[95]。[根據托勒密的說法],這裡升起**大熊**的脖子和它的右爪,**螃蟹**的角,**戰鬥中的英雄**的頭,以及**船**的最後部分。

出生在這個[星座]的人四肢粗大,前額寬闊,牙齒間距較寬,又啞又聾。他喜歡人們也受人尊重。在女性的本命盤中,這個星座不太好,因為它代表生命中會有困難的事發生[96]。出生於巨蟹座第一個外觀的人有俊美的身體和美麗的頭髮,他的眉毛揪在一起,鼻孔很長,

---

92 | 這可能是指**螃蟹**的蜂巢星團,即積屍氣,它也被稱作**雲團、小雲團、小薄霧團**,參見 *S.N.* 第112、113頁。我找不到關於「少女」一說的來源。

93 | 指天文星座**螃蟹**中的兩顆恒星 γ 和 δ,它們被稱作 Aselli,即**兩頭驢子**,參見 *S.N.* 第110、111頁。

94 | 《賢者之書》:「在巨蟹座的第二個外觀上升起一個臉龐美麗的女人,頭戴綠色桃金娘花環,手持被稱為『睡蓮』的行星的堇(譯註:原文如此),唱著充滿快樂和愛的歌謠。這個外觀代表玩耍、財富、歡樂和富足。這就是它的形式。」
阿格里帕:「……在巨蟹座的第二個外觀上升起一個穿著漂亮衣服的男人,或者是一個男人和一個女人坐在桌邊玩樂。它賦予了財富、歡笑、愉悅,以及對女人的愛……」[羅伯特·漢]

95 | 《賢者之書》:「在巨蟹座的第三個外觀上升起的是一個 Celhafe [此處含義不詳],他手持一條蛇,身前纏著金鎖鏈。這個外觀代表奔跑、騎馬,在戰鬥或衝突中去攫取。這就是它的形式。」
阿格里帕:「……在巨蟹座的第三個外觀上升起的是一個**獵人**,身佩長矛和號角,帶著狗兒們去打獵。這個外觀代表人類的爭執,對飛翔者的追逐,狩獵,以武力及勇氣去佔有事物……」[羅伯特·漢]

96 | 這是個有趣的說法,但書中沒有進一步解釋。

肩膀也很寬，胳膊肘下或右臂上會有胎記。他天性善良，朋友很多，有些狡黠。出生於巨蟹座第二個外觀的人身材矮小，膚色發紅，沒有鬍鬚，眼睛裡面（或下部）有黑色的斑點。他喜歡人們。出生於巨蟹座第三個外觀的人身材矮胖，眉毛很濃，闊胸大肚。他很強壯，有時候會有心絞痛，他會耗盡自己的精力。出生在巨蟹座末尾的人沒有好運氣。

巨蟹座代表人身體的胸部、乳房、臟腑上部（胃）、肋骨、脾臟和肺部。它代表的疾病與傷害上述器官的病症相關，還有眼睛沉重（視力受損）問題，因為在巨蟹座22°有一顆雲狀恒星代表眼睛疾病和缺陷。巨蟹座代表皮膚瘙癢[97]、發癢、麻風病、痘斑、禿頂和鬍子稀疏。它代表下等人、普通人、水手以及路途中的旅行者。根據以諾的說法，巨蟹座是世界的星座[98]。

根據埃及占星家的說法，土星 [落在]巨蟹座代表疾病與臀部有關，木星表示在生殖器部位，火星代表在臟腑上部（胃），太陽表示疾病在腳，金星表示疾病與手相關，水星則在頸部，月亮則代表疾病在頭部。

月亮在巨蟹座入廟，木星在巨蟹座15°入旺，火星在巨蟹座28°入弱，土星在此星座入陷。木星的北交點在巨蟹座9°[的位置]，土星的北交點在19°[的位置]。

巨蟹座的三分性主星在日間是金星，接著是火星；而在夜間先是

---

97 | 一種沒有明顯痕跡或皮疹的皮膚瘙癢症。[羅伯特·漢]
98 | 參見 S.N. 第107頁對天文星座巨蟹座的描述：「它是黃道上最不顯眼的星座 ⋯⋯ 誠然，天上的星座在早期幾乎沒有受到較多的關注，也很少有好的判斷。根據迦勒底和柏拉圖主義哲學的說法，巨蟹座是所謂的『人之門』，靈魂通過此處從天堂降入人的肉體之中。」「在占星學中，⋯⋯它是月亮的廟宮，這來自古代的信仰，即在萬物被創造時，月亮這顆發光體被安置於此處；並且作為『世界的星座』(Horoscope of the World)，在所有星座中最接近天頂。」[羅伯特·漢補充]巨蟹座是世界的上升星座（這才是「世界的星座」的真正含義）這個概念可以在希臘文的占星文獻中找到，且可追溯至埃及占星學。

火星，接著是金星。日間與夜間的共同主星是月亮。

　　根據埃及以及巴比倫占星家的說法，巨蟹座第一個外觀[的主星是]金星，第二個是水星，第三個是月亮。而印度占星家認為，巨蟹座第一個[外觀的主星是]月亮，第二個是火星，第三個是木星。

　　以下是埃及以及[其他]占星家們關於界的說法：6度是火星界，6度是木星界，水星界和金星界各7度，4度是土星界[99]。根據托勒密的說法，6度是火星界，6度是木星界，水星界和金星界各7度，4度是土星界[100]。

　　第一個九分部[的主星]是月亮，第二個是太陽，第三個是水星，第四個是金星，第五個是火星，第六個是木星，第七個和第八個是土星，第九個是木星。第一個十二分部[的主星]是月亮，第二個是太陽，第三個是水星，第四個是金星，第五個是火星，第六個是木星，第七和第八個是土星，第九個是木星，第十個是火星，第十一個是金星，第十二個是水星。

　　巨蟹座由頭到尾前7個度數是混合度數，之後5度是光亮度數，接著2度是混合度數，再4度是光亮度數，之後2度為暗黑度數，接著8度是光亮度數，最後2度為暗黑度數[101]。

　　星座由頭到尾前2度是陽性度數，接著2度是陰性的，接下來11度是陽性的，之後4度是陰性的，然後3度是陽性的[102]。

　　星座中的缺陷度數是第12度、第17度、第23度、第26度和第

---

99 │ 這裡加起來不到30度，希伯來文文本有誤。但拉丁文文本同樣有錯誤：「……7度是火星界，接著6度是金星界，再6度是水星界，接著7度是木星界，最後8度是土星界。」希伯來文文本中的火星界應該是7度，而拉丁文文本中最後的土星界應該是4度。[羅伯特·漢]

100 │ 此處拉丁文文本錯誤地寫成了土星界是3度。[羅伯特·漢]

101 │ 拉丁文文本錯誤地將最後的8度光亮度數和2度暗黑度數都遺漏了。[羅伯特·漢]

102 │ 這一次拉丁文文本似乎是正確的：「整個星座的前2度是陽性度數，接著6度是陰性的，接著2度是陽性的，再2度是陰性的，接下來11度是陽性的，之後4度是陰性的，最後3度是陽性的。」希伯來文文本遺漏了前面的6個陰性度數和2個陽性度數。拉丁文文本的描述加起來正好30度。

30度。賦予恩典和榮耀的度數是第1度、第2度、第3度、第14度及第15度。

在**狗**的位置有一顆被稱為*Al-Sha'ari Al-Abur*的超級恒星，當前它位於巨蟹座3°、黃緯南緯39°10′，是一等星，[其性質類似]火星與木星的結合。在**雙生子**的前一個人的頭部位置有一顆二等恒星，當前位於巨蟹座8°、黃緯北緯9°40′，[其性質類似]木星與水星的結合。在雙生子的後一個人的頭部位置還有一顆二等恒星，當前位於巨蟹座12°、黃緯北緯6°15′，性質類似火星。在**狗**的位置還有一顆被稱為*Al-Sha'ari Al Gumeizu*[103]的一等恒星，當前它位於巨蟹座15°、黃緯南緯16°10′，[其性質類似]火星與水星的結合。在[[大]]熊附近[還發現]4顆暗星，它們當前所在的位置分別是：第一顆位於巨蟹座12°、黃緯北緯22°50′；第二顆位於17°、黃緯北緯22°2′；第三顆位於27°、黃緯北緯22°45′；第四顆位於星座的末度數、黃緯北緯20°。在（**螃蟹**的）腹部位置還有一顆恒星，位於26°、黃緯北緯6°附近。

獅子座是火象星座、陽性星座及日間星座。它是代表東方、夏季的星座，是固定星座（因為時節在此固定下來）。星座中每天的[日光]時都比均等的小時長。它的步伐（赤經上升）又均勻又長。

獅子座的性質是燃燒和破壞性的熱。它的前段有點溫暖，中段非常有破壞性並會產生疾病，末段會生成風。它的北部是灼熱的，南部是濕潤的。

獅子座的形象是一個四足且有蹄的掠食動物，它的四肢被截斷

---

103 ｜指小犬座的 β 星。參見 *S.N.* 第134頁。

了，它是半有聲星座。它代表東方和東風。它的質料是熱與乾，[代表身體裡]的紅膽汁。它代表苦味和刺激的味道，代表的顏色是橙黃色和黃色。[它代表的]動物是獅子、老虎、鬣狗、熊和狼。它代表金和銀，寶石，一種能刺穿[珍貴的]石頭、被稱作*Al-mas*的石頭（鑽石），一種能收集碎屑、被稱作*Al-budai*的石頭（磁鐵），以及所有與火相關的職業。

獅子座代表第四個區域[104]，代表的地區包括巴格達、波斯、土耳其的有人居住的地方、尼泊爾、塔爾蘇斯（Tarsus）；代表的地點包括所有難以攀登的地方、崎嶇之地、王的宮殿、堅固的堡壘、陡峭的高山，以及所有的露天場地。

獅子座代表的字母是 *heh* (ה) 和 *kof* (ק)。它代表的年數是19，代表的月數也是19，它代表的天數是 47 ½，代表的小時數是23。

在獅子座第一個外觀中升起的形象有一頭**熊**和一隻背上有弓的**狗**，**大船**的一半以及她的水手，還有一隻黑色的**動物**，**馬**[105]的頭以及**驢**的頭。印度占星家認為在這個外觀中升起一棵大樹，樹枝上有[[一隻狗和]]一隻禿鷲。這裡還升起一個雖然很髒，卻穿著漂亮衣服的男人，他正想要打他的父親。此外還有看向北方的馬的主人[106]。根據托勒密的說法，這個外觀上升起**大熊**的脖子[[和它的左前爪]]，**獅子**的頭，**英雄**的脖子以及**船**的一半。

獅子座第二個外觀中升起一個舉著雙手的男人，他在大聲叫喊、

---

104 ｜指第四氣候區。參見前文註釋13。[羅伯特・漢]

105 ｜參見*S.N.*第247頁：**動物**是長蛇座、**水蛇**的另一個名字。至於**馬**，見*S.N.*第249頁：「蘇菲提到了一個早期的阿拉伯形象，**Al Ha'il**——**馬**，其中一些恒星現在屬於長蛇座，但更多的恒星屬於獅子座和六分儀座（Sextans）。

106 ｜《賢者之書》：「在獅子座的第一個外觀上升起的是一個穿著髒衣服的男人，與他在一起的是一個正望向北方的馬主人形象，他身形像熊也像狗。這個外觀代表力量、自由和勝利。這就是它的形式。」
阿格里帕：「獅子座的第一個外觀升起一個騎著**獅子**的男人。這個外觀代表膽識、暴力、殘忍、邪惡、欲望及持續的努力……」[羅伯特・漢]

演奏音樂和跳舞。那裡還有兩個盛酒的器皿、一隻高腳杯、一個用鹿角製成的樂器、**船**的另一半、**動物**的眼睛、**馬**的中間部分以及**驢**的中間部分。印度占星家認為這個外觀上有個鼻孔精巧的男人，他頭戴一頂白色桃金娘花冠，手裡拿著一張弓。他暴烈如獅子，身披一件斗篷，這使他看起來像一隻獅子[107]。根據托勒密的說法，這個外觀上升起**大熊**的肩膀和它的右腳，**獅子**的脖子，**英雄**的中間部分以及大**船**的船頭。

獅子座第三個外觀上升起的形象有一個**年輕人**，他的職業是**駕馭動物的人**。他手裡拿鞭子，正在駕駛一輛**馬車**[108]。馬車上坐著一個男人，身邊有一個小男孩，左手拿著衣服。那裡還升起一隻**烏鴉**，黑色**動物**的中間部分，**馬**的末端以及**驢**的末端。印度占星家認為這個外觀升起一個醜陋的黑人，勤勞又聰明，他的嘴裡嚼著美味佳餚，手裡拿著肉[109]。根據托勒密的說法，在這個外觀中升起的形象有**大熊**，**獅子**的中間部分，以及**戰鬥中的英雄**的一部分。

出生在獅子座的人有美麗的身體，膚色是黃色的（金髮？），眼睛像貓眼。他勇敢、急躁，有精明的外表，腿很[瘦]。他有道德又狡猾，喜性交。他是慷慨的、不育的。他信守承諾，承受很多苦難，置

---

107 | 《賢者之書》：「在獅子座的第二個外觀上升起一個頭戴白色桃金娘花冠、手裡拿著一張弓的男人。這個外觀代表美麗、騎乘、無知卑鄙之人，它也代表戰爭和利刃。這就是它的形式。」
　　阿格里帕：「……獅子座的第二個外觀上升起一個舉起雙手、戴**頭冠**的男人形象。他外表憤怒，充滿威脅，他右手持一把出鞘的**劍**，左手拿著一面盾牌。它代表隱藏的爭議、未知的勝利、底層的人，以及爭論和戰鬥的場合……」[羅伯特·漢]

108 | **大熊**，即大熊座，也被稱為**馬車**（*S.N.* 第426-429頁）。駕駛它的年輕人似乎在牧夫座，位於**馬車**的東邊。*S.N.* 第92-93頁提到了牧夫座的其他名稱——**馬車夫、駕車人、牧人**。以下的內容更符合之前那個大聲叫喊的男人形象，*S.N.* 第92-93頁：「其他人的觀點可能更正確，他們覺得意為大喊大叫的詞彙 Βοητής，被從**駕車人對牛兒們**——也就是北斗七星——的吆喝或追逐**熊**的**獵人**轉寫成了 Boetes（譯註：即牧夫座）」

109 | 《賢者之書》：「在獅子座的第三個外觀上升起一個又黑又髒的老男人，他嘴裡含著水果和肉，手裡拿著一把銅壺。這個外觀代表愛、喜悅，也代表[食物的？]托盤和好運。這就是它的形式。」
　　阿格里帕：「……在獅子座的第三個外觀上升起一個手持**鞭子**的年輕人，還有一個悲傷的、生病的男人。他們表示愛和社會，以及為避免爭鬥而失去個人的權利。」[羅伯特·漢]

自身於險境，固執。他有狼性。他吃得很多，對各種食物如饞似渴。
[在]女人的本命盤中，它象徵端莊。

出生在獅子座第一個外觀的人有英俊的臉龐和俊美的身體。面色
微紅，眼睛中等大小，有挺直的胸膛和筆直的腿。他的上腹部會有疼
痛。他出名，莊重，與國王有聯繫。

出生在獅子座第二個外觀的人身材俊美，胸膛寬闊，睪丸和大腿
比較纖細。他會禿頭，並有突發性動脈疼痛。[他]受人尊重，但傲
慢自大。

出生在獅子座第三個外觀的人身材有些矮小，面色有些發白又發
紅，聲音很有力。他喜歡女人，有很多朋友和敵人，也有很多病症。
出生在星座末尾的人醜陋且有很多缺點。

獅子座代表人身體的胸部、心臟、臟腑的上部、動脈、背部、腰
部、肋骨和頸背部。根據埃及占星家的說法，土星[落在此星座]代表
生殖器疾病，木星表示疾病在睪丸部位[110]，火星代表心臟疾病，太陽
表示疾病在頭部，金星表示疾病與胸相關，水星則在手臂，月亮則代
表疾病在頸部。它還代表視力以及上腹部的底端，它所代表的疾病會
發生在前述器官上。

獅子座代表的人物有國王、大臣和貴族，金匠、銀匠、寶石匠，
以一切有傑出技藝的匠人。

太陽在獅子座入廟，土星在此入陷，沒有行星在獅子座入旺，也
沒有任何[其他]行星在此入弱。當前獅子座12°是火星的位置[111]。獅
子座的三分性主星在日間是太陽，接著是木星，而在夜間先是木星，

---

110 ｜ 這可能是個抄寫錯誤。根據行星主管的順序，這裡應該是「臀部」。[羅伯特·漢補充]拉丁文文本此處是「在
　　　屁股部位」。
111 ｜ 這些關於至高點或至低點的數值。參見前文註解31。

接著是太陽。日間與夜間的共同主星是土星。

　　根據埃及以及巴比倫占星家的說法，獅子座第一個外觀[主星是]土星，第二個的主星是木星，第三個是火星。而印度占星家認為，獅子座第一個[外觀主星是]太陽，第二個是木星，第三個是火星。

　　以下是埃及以及[其他]占星家們關於界的說法：6度[分配給]木星，5度給金星，6度給水星，7度給土星，6度給火星。根據托勒密的說法，6度[分配給]土星，7度是水星界，6度是金星界，6度是火星界，5度是木星界[112]。

　　第一個九分部[的主星]是火星，第二個是金星，第三個是水星，第四個是月亮，第五個是太陽，第六個是水星，第七個是金星，第八個是火星，第九個是木星。

　　第一個十二分部[的主星]是太陽，第二個是水星，第三個是金星，第四個是火星，第五個是木星，第六和第七個的主星是土星，第八個是木星，第九個是火星，第十個是金星，第十一個是水星，第十二個是月亮。

　　獅子座由頭到尾前7個度數是光亮度數，接著3度是混合度數，接著6度是暗黑度數，再5度是空白度數，最後9度為光亮度數。

　　星座的前5度是陽性度數[113]，接著2度是陰性的，接下來6度是陽性的，之後10度是陰性的，最後7度是陽性度數。

　　行星的缺陷度數是第6度、第13度、第15度、第22度、第23度[114]和第28度。賦予恩典和榮耀的度數是2[115]、5、7及17。

---

112 | 在《占星四書》的第53頁，火星和木星的順序是顛倒的，但度數與文本一致。[羅伯特·漢補充]星座的最後一個界主星通常是凶星。
113 | 拉丁文文本此處寫的是9度陽性度數，明顯有誤。[羅伯特·漢]
114 | 拉丁文文本此處遺漏了第23度。[羅伯特·漢]
115 | 拉丁文文本此處遺漏了第2度。[羅伯特·漢]

獅子座的超級恒星有當前在17°位置的**勇士**之項，它位於黃緯南緯20½°，是二等恒星，[其性質類似]土星與金星的結合。**獅子之心**當前[116]在28°位置，位於黃緯北緯0°10′，一等星，[其性質類似]火星與木星的結合，它是致命恒星之一。當前在獅子座末度數位置還有一顆叫做**獅子之背**的二等恒星，它位於黃緯北緯13°40′，[其性質類似]土星與金星的結合。

處女座是土象星座、陰性星座及夜間星座，代表南方和夏季，是雙體星座。星座中每天的[日光]時都比均等的小時長，當它結束時，所有地區的夜晚與白晝的時間等長。它是直行的，步伐（赤經上升）是長的。其性質為過度乾燥帶來的破壞性。處女座前段是濕潤的，亦多雷鳴，中段是溫和的，末段則是乾燥的。它的北部會產生風，它的南部則是溫和的。它是人形星座，也代表禽鳥形象，是強有聲星座。處女座對應南方的右[邊]，代表南風。其（元素）質料是冷和乾，會產生黑膽汁[117]。它代表的味道是苦而澀的，代表顏色是白色、紫色以及泥土的顏色。它代表人、禽鳥，代表的植物是沒有莖的小型植物，如麥子、大麥、豆類以及其他種子。

處女座代表第二個區域[118]。就地區而言，它代表耶利米卡（Aljeremica）、幼發拉底河、博斯普魯斯（Bosphorus）和希臘。就地點而言，它代表所有播撒了種子的土地、女人的房屋以及花園。

處女座代表的字母是 *vav* (ו) 和 *zayin* (ז)。它代表的年數是20，代表的月數也是20，它代表的天數是7，代表的小時數是4。

---

116 | 「當前」？！**獅子之心**，即軒轅十四，大約在十九世紀之初才到達獅子座28°位置。[羅伯特‧漢補充]拉丁文文本此處寫的是18°，這是正確的。很顯然把18°寫成28°是個筆誤。

117 | 在希伯來文中，「黑膽汁」一詞與抑鬱症相同。據稱所有的土象星座都有憂鬱傾向。

118 | 指第二氣候區。參見前文註釋13。[羅伯特‧漢]

在處女座第一個外觀上升起一個美麗的長髮**少女**，手持兩根麥稈。她坐在椅子上，正在哺育懷裡的小男孩[119]。還有一個男人坐在同一張椅子上。這裡還升起一顆叫作 *Shibbolet*[120] 的恆星，它位於**動物**的後方。此外還有**烏鴉**的頭以及**獅子**的頭[121]。印度占星家認為這個外觀升起一個裹著斗篷的少女，穿著破舊的衣裳，手裡拿著一個水壺，她站在桃金娘叢中，想去她父親的家[122]。根據托勒密的說法，這個外觀上升的形象有**龍尾巴**的一部分，**大熊**的後部、腿和尾巴，**武士**頭部附近的**茶杯**，以及 [[**武士**身體的一部分]]。

處女座第二個外觀上升著升起一個女人，她拍著手在演奏音樂。這裡還有一個**半人形的男人**，形似牛頭[123]，他的手裡還有半個裸體的男人。這裡還升起半根頂上有凹槽的桿，他正用它在犁地[124]。這裡還升起黑色**動物**的尾巴及**獅子**的中間部分。印度占星家認為這個外觀升起一個披著頭髮的黑人。他身穿三件衣服，第一件是皮革的，第二件是絲綢的，第三件是紅色的斗篷，他手裡拿著一個墨水盒要做測量[125]。

---

119 | 參見 *S.N.* 第462-463頁關於室女座的描述：「厄拉托斯忒尼斯和阿維努斯（Avienus，譯註：西元四世紀拉丁文作家）將它確認為千名女神**伊西斯**（Isis，譯註：古埃及母親神）……她懷中抱著的是嬰兒荷魯斯（Horus）——南方的太陽神，最後的神聖國王。這一非常古老的形象出現在中世紀**聖母瑪利亞**（Virgin Mary）與嬰兒耶穌的形象中……十三世紀的阿爾伯特·馬格納斯（Albertus Magnus，譯註：著名哲學家）斷言，救世主的星座就在這裡。據說聖母瑪利亞的名字縮寫 MV，就是這個星座符號 ♍。」

120 | 這是角宿一（Spica）的另一個名字。參見 *S.N.* 第466-467頁：「**Spica** 代表及標記了室女座左手拿著的**麥穗**。」「……海德列出希伯來文 **Shĭbbōleth**，敘利亞文 **Shebbeltā**，波斯文 **Chūshe**，以及土耳其文 **Salkim**，它們全都指**麥穗**。」

121 | 參見 *S.N.* 第254、467頁，古阿拉伯人的獅子座是一個比現在大得多的天文星座，它從雙子座延伸至天秤座，以及黃道南北兩邊的部分星座。這或許可以解釋此處在處女座的描述中提到的**獅子**。

122 |《賢者之書》：「在處女座的第一個外觀上升起一個全身披著羊毛被的美麗女孩，手裡拿著一個紅石榴。這個外觀代表播種、耕作、植樹，採集葡萄，也代表美好的生活。這就是它的形式。」
阿格里帕：「……處女座的第一個外觀升起一個好女孩和一個正在撒種的男人。它代表獲取財富、訂購飲食、耕作、播種和居住……」[羅伯特·漢]

123 | 這裡似乎是指半人馬座，根據 *S.N.* 第151頁的描述，它也被稱作「**半人**」。

124 | 即牧夫座，位於室女座腳部以北位置。根據 *S.N.* 第151頁的描述，它也被稱作「**耕夫**」。

125 |《賢者之書》：「在處女座的第二個外觀上升起一個膚色漂亮的男人，他穿著皮革衣服，之上還有一件鐵質的外衣。這個外觀代表祈願、欲望、財富和悼念，也代表對公正之事的否定。這就是它的形式。」
阿格里帕：「……處女座的第二個外觀升起一個穿著皮衣的黑人，以及一個有一叢頭髮、手提袋子的男人。他們代表收益，一起搜刮財富和貪婪……」[羅伯特·漢]

根據托勒密的說法，這個外觀上升起的形象有**龍**尾的末端、**大熊**的尾巴、**室女**的頭和肩膀，以及**烏鴉**的頭、嘴和翅膀。

在處女座的第三個外觀上升起**半人**形象的另一半，裸體男人的另一半，桿的另一半，**獅子**的尾巴，兩頭**牛**，以及**牧人**的另一半。印度占星家認為這個外觀升起一個白皮膚的女人，她自言自語，身披一件染色的斗篷，雙手皮膚有麻風病的症狀，她正在向神明祈禱[126]。根據托勒密的說法，這個外觀中升起的形象有**龍**尾巴的末端、**大熊**的末端、南方**猴子**[127]<的肩膀>[128]和腹部的末端、**烏鴉**的腹部以及**動物**的腳。

出生在處女座的人姿態優美，身材挺拔、俊美，頭髮不捲曲。他聰明、有學識，喜愛正義，聲音有力。他沒有子女。他面龐英俊，有善良的靈魂。他可能是個抄寫員，懂數學。

出生在處女座第二個外觀的人很好看，小眼睛，鼻孔（鼻子）很漂亮。他是個有道德的人，謙遜，慷慨，喜歡被表揚。

出生在處女座第三個外觀的人也很英俊，有道德，聰明，謙虛，有智慧。

處女座代表人身體的腹部、腸道和橫膈膜，代表的疾病是與上述器官相關的病症，以及任何源于黑膽汁的疾病。根據埃及占星家的說法，土星[落在此星座]代表生殖器疾病，木星表示疾病在膝蓋，火星代表腹部疾病，太陽表示疾病在頸部，金星表示疾病與心臟相關，水星則在胸部，月亮則代表疾病在手臂部位。

---

126 |《賢者之書》：「在處女座的第三個外觀上升起一個膚色蒼白的大個子，披裹著一件白色亞麻衣服，還有一個手拿黑色橄欖油的女人。這個外觀代表虛弱、年老、疾病、懶惰、四肢受傷以及人的消亡。這就是它的形式。」

　　阿格里帕：「處女座的第三個外觀上升起一個白人婦女和聾子，或一個以拐杖支撐身體的老人。這個外觀代表虛弱、生病、失去同伴、毀壞樹木和土地上人口的減損。」[羅伯特‧漢]

127 | 我無法以這個名稱來識別是哪個恒星形象。

128 | 根據其他不同文本補充。

處女座代表的人物是中間人士[129]、作家、有識之人、數學家、幾何學者、女人、宦官，還有那些能帶來歡笑的藝人（喜劇演員）。

水星在處女座入廟，同時在處女座15°入旺；金星在處女座27°入弱；木星在此入陷，且當前處女座23°是它的至高位置[130]。

處女座的三分性主星在日間是金星，接著是月亮；而在夜間先是月亮，接著是金星。日間與夜間的共同主星是火星。

根據<埃及人以及>[131]巴比倫人的說法，處女座第一個外觀[的主星是]太陽，第二個的主星是金星，第三個是水星。而印度人認為，處女座第一個[外觀的主星是]水星，第二個的主星是土星，第三個是金星。

以下是埃及人以及[其他]占星家們關於界的說法：7度[分配給]水星，10度給金星，4度給木星，7度給火星，2度給土星。根據托勒密的說法，7度是水星界，6度是金星界[132]。

第一及第二個九分部[的主星]是土星，第三個是木星，第四個是火星，第五個是金星，第六個是水星，第七個是月亮，第八個是太陽，第九個是水星。

第一個十二分部[的主星]是水星，第二個是金星，第三個是火星，第四個是木星，第五和第六個是土星，第七個是木星，第八個是火星，第九個是金星，第十個是水星，第十一個是月亮，第十二個是太陽。

處女座由頭到尾前5個度數是混合度數，接著4度是光亮度數，

---

129 ｜ 大概是指既非普通人，也非貴族。
130 ｜ 這是關於至高點的數值。參見前文註解31。
131 ｜ 源於其他不同文本。
132 ｜ 此處拉丁文文本的表述為：「根據托勒密的說法，7度是水星界，6度是金星界，5度是木星界，6度是土星界，6度是火星界。」希伯來文文本顯然遺漏了最後三個界的描述。[羅伯特‧漢]

再2度是空白度數,接著9度是光亮度數,最後10度為混合度數。

　　星座由頭到尾前7度是陰性度數,接著5度是陽性的,之後8度是陰性的,最後10度是陽性度數。

　　行星的缺陷度數是第8度、第13度、第16度、第21度和第25度。賦予恩典和榮耀的度數是第2度、第5度、第17度及第20度。

　　處女座的超級恒星有當前在星座10°的**獅子之尾**,它位於黃緯北緯11°,是一等恒星,[其性質類似]土星與金星的結合。在同樣黃經度數,但在黃緯北緯25°位置,還有一顆二等恒星,[其性質也類似]土星與金星的結合。在**大熊**與**獅子**之間有兩顆暗星,一顆目前位於處女座11°,黃緯北緯20°40′,另一顆黃經度數相同,但位於黃緯北緯25½°。

　　天秤座是風象星座、陽性星座及日間星座,代表西方和冬季[133],它是改變星座。在此星座之始,白晝與夜晚時長相等,之後黑夜越來越長而白晝越來越短。星座中每天的[日光]時都比均等的小時短。它是直行的且步伐是長的。它的[元素]性質是暖和濕的,但這不是有益的組合,它表示所有的空氣、雲都與風及升起的摧毀生命的煙霧混合在了一起。

　　總體而言天秤座是易變的,它的前段和中段比它的末段更好。它的北部會產生風,南部則會產生濕。

　　天秤座僅是人形星座[134]。它對應西方的正中,代表南風。其質料是暖和濕。它代表血液。它代表的味道是甜味,代表顏色是綠色及土

---

133 ｜ 此處拉丁文文本的描述是「秋天的星座」。[羅伯特·漢]
134 ｜ 儘管天秤座並沒有人的形象,但它是人造物。或許正是因為這個原因,它一直被認為是人形星座。[羅伯特·漢]

地的顏色。它代表的生物包括人以及頭部較大的鳥。它代表高大的
樹木。

[天秤座]代表第五個區域[135]，還代表從羅馬到非洲的以東
（Edom）[136]地區、庫什的一些土地、巴爾卡（Barka）的海洋、錫斯
坦（Sistan）、喀布爾、塔瓦斯坦（Taverstan）、巴爾赫和哈姆丹。
天秤座代表在山巔墾種的[土地]，土壤不緊實的地方，所有地勢高的
地方[137]，以及有市場和商品的場所。

天秤座代表的字母是 *khet* (ח) 和 *shin* (ש)。它代表的年數是8，代
表的月數也是8，它代表的天數是20，代表的小時數是16。

天秤座第一個外觀上升起一個憤怒的人，他左手持天平，右手拿
著筆記本[138]。跟在他後面升起的是一個騎在馬上唱歌的男人[139]。這裡
還升起龍的頭部[140]，**金色海洋**[141]的開端，波斯占星家稱它為**人熊**。此
外這裡還升起船[142]的一部分。印度占星家認為這個外觀上升起的是一
個男人，他在市場的商店裡，手裡拿著天平，他想要買賣[143]。根據托
勒密的說法，這個外觀上升起的形象有**大熊**尾巴的中間部分，**室女身**

---

135 ｜指第五氣候區。參見前文註釋13。[羅伯特·漢]
136 ｜以東（以土買[Idumea]的希伯來文名稱）是《聖經》時代的一個古老王國，伊本·伊茲拉在其他著作中也使
　　　用它來指代羅馬帝國。在猶太人的著作中，常見以東作為「邪惡帝國」的同義詞出現。
137 ｜風元素代表高地，係由它在宇宙高低順序——火元素、風元素、水元素、土元素——中的位置所決定。
138 ｜如前所述，天秤座裡並沒有生命的形式，但*S.N.*第272頁提到了一個人物形象：「印度聖書裡稱它為
　　　Tulā，……，**天平**；在黃道的那個區域，一個男人單膝跪倒，手持天平。」
　　　任何資料都沒有提及書本。但值得注意的是，這一意象可以在猶太人的聖日贖罪日（Yom Kippur）中發現。
　　　這是在秋分時節（♎）慶祝的節日，據說此時上帝會將所有該受獎賞的靈魂寫入《生命之書》（*Book of Life*）。
　　　埃及神話中也有一個人物形象，他在人們死亡時用天平衡量人的優點並記錄在案。在埃及神話中，死亡與西
　　　方（日落之處）有關，而天秤座是西方的星座。
139 ｜這可能就是位於**天平**以南的**半人馬**形象。
140 ｜可能是指**蛇的頭**。
141 ｜在那個區域找不到這樣的形象。
142 ｜在這片天空中找不到「船」。
143 ｜《賢者之書》：「在天秤座的第一個外觀上升起一個人，右手舉著一把長矛，左手上倒掛著一隻鳥。這個外
　　　觀代表正義、真理、良好的判斷力，為人民和弱者爭取公平，為窮人做好事。這就是它的形式。」
　　　阿格里帕：「天秤座的第一個外觀上有一個手拿**管子**的憤怒的人，還有一個正在讀書的人的形象。它代表為悲
　　　慘軟弱之人辯護，及幫助他們對抗強權與邪惡之人……」[羅伯特·漢]

體的中部，她持有麥穗的左手，**烏鴉**的尾巴，**勇士**的末端，以及**馬**的後部及尾巴的末端。

在天秤座的第二個外觀中，升起一個駕駛著一輛**馬車**的**男人**。男人手裡拿著鞭子，身邊[還有]一個穿著絲綢衣服坐在床上的男人。這裡升起的還有一個小男孩，**船**的中間部分，**大熊**的中間部分，以及一個**噴泉**[144]。印度占星家認為這個外觀升起一個身體像鷹的男人，他赤身裸體，很口渴，正要飛向空中[145]。根據托勒密的說法，這個外觀上升起的形象有**龍**的尾巴，**大熊**尾巴的末梢，**室女**[衣服]上的流蘇。

天秤座第三個外觀上升起**船**的末端、**金色海洋**的末端、裸體男人的頭部以及他放在頭上的手。這裡還升起兩個人，他們的頭上有一頂皇冠，每一個人頭上都有兩隻角[146]。印度占星家認為這個外觀升起一個馬臉男人，手上拿著弓和箭[147]。根據托勒密的說法，這個外觀上有**龍**尾巴的末梢，它的前肢和右膝，以及**室女**[衣服]流蘇的末端和她的腳。

一般而言，出生在天秤座的人四肢挺直，言談令人愉悅，是有智慧、有道德的人。他精通各種手藝，會演奏音樂，是個詩人。他喜愛女人，也喜歡塑造[東西][148]。他善良、慷慨，身體比臉龐更俊美，他

---

144 ｜ 無法找到噴泉形象的星群。

145 ｜《賢者之書》：「在天秤座的第二個外觀上升起一個黑人，正經歷一段歡樂的婚姻旅程。這個外觀代表平靜、快樂、富足和美好的生活。這就是它的形式。」
　　阿格里帕：「……天秤座的第二個外觀上升起兩個發怒的男人，還有一個坐在椅子上、身著漂亮衣服的男子。它代表向邪惡之人表達憤怒，以及伴隨許多美好的東西而來的平靜和安全的生活。」[羅伯特‧漢]

146 ｜ 這裡的角可能是**蠍子的螯**。因為天秤座是從古羅馬時期的**蠍子**中「分割出來的」，參見 *S.N.* 第269頁。

147 ｜《賢者之書》：「在天秤座的第三個外觀上升起一個騎在驢子上的人，在他前面有一匹狼。這個外觀代表惡行、雞姦者、通姦，也代表唱歌、快樂以及品味。這就是它的形式。」
　　阿格里帕：「……天秤座的第三個外觀上升起一個手裡拿著弓的烈性男人，在他前面有一個裸體男人，還有另一個男人一手拿著麵包，一手拿著一杯酒。它代表邪惡欲望的展示，也代表歌唱、運動和暴食。」[羅伯特‧漢]

148 ｜ 這裡可以理解為「雕塑」。在希伯來文文本中，在註腳中標註了動詞 *latsur* (לצור)，意思是「塑造，給出形式」，而在正文中他們使用了動詞 *latsud* (לצוד)，意思是「獵取」。前者更適合天秤座。[羅伯特‧漢補充]拉丁文文本此處的意思是「獵取」。

們中有些人看上去比較黑。出生在天秤座第一個外觀的人很好看，頭上有傷，手上或腿上有燒傷。他是勤奮的人，謙遜而有道德。

出生在天秤座第二個外觀的人身體、臉龐很好看，身形俊美，眼睛和動脈有疾病。他是個寬厚、友好的人。

出生在天秤座第三個外觀的人身形也很俊美，有尊貴相，有眼疾。他是知名人士且受人尊敬。出生在星座末尾的人智力遲鈍或雌雄同體。

天秤座代表人身體的下腹部近腹股溝[的區域]，代表的疾病如尿閉、下部出血，以及眼肓[149]。

天秤座代表的人物是市場交易人士、法官、數學家、音樂家和經營食品飲料的商人。

金星在天秤座入廟，土星在天秤座21°入旺，太陽在19°入弱，火星在此星座入陷。當前水星的最高位置在天秤座25°[150]。

根據埃及占星家的說法，土星[落在此星座]代表膝蓋疾病，木星表示疾病在小腿，火星代表在下腹部，太陽表示手部疾病，金星表示疾病與臀部相關，水星則在心臟，月亮則代表疾病在胸部。

天秤座的三分性主星在日間是土星，接著是水星；而在夜間是水星，接著是土星。日間與夜間的共同主星是木星。

根據埃及人以及巴比倫人的說法，天秤座第一個外觀[主星]是月亮，第二個是土星，第三個是木星。而印度占星家認為，天秤座第一個[外觀主星]是金星，第二個是土星，第三個是水星。

以下是埃及人以及[其他]占星家們關於界的說法：6度[分配給]

149｜這裡幾次提到了星座與眼睛疾病的關聯，我認為這不是天秤座的徵象，也與動脈不相關。排尿和出血的問題可能是因為天秤座對應人身體的下腹部區域，因此與腎臟和膀胱有關。

150｜這是關於至高點的數值。參見前文註解31。

土星，8度給水星，7度給木星，7度給金星，2度給火星。根據托勒密的說法，6度[是]土星界，5度是金星界，8度木星界，5度水星界，6度是火星界。

第一個九分部[151] [的主星]是金星，第二個是火星，第三個是木星，第四及第五個是土星，第六個是木星，第七個是火星，第八個是金星，第九個是水星，第十個是月亮，第十一個是太陽，第十二個是水星。

天秤座由頭到尾前5個度數是光亮度數，接著5度是混合度數，再8度是光亮度數，接著3度是混合度數，之後7度是光亮度數，最後2度為空白度數。

星座由頭到尾前5度是陽性度數，接著5度是陰性的，之後11度是陽性的[152]，接著7度是陰性的，最後2度是陽性度數。

行星的缺陷度數是第1度、第7度、第20度和第30度[153]。賦予恩典和榮耀的度數是3、5和21。

天秤座的超級恒星中，有一顆恒星是**屈身的手無寸鐵之人**，稱作 *Samach al-Azal*，它當前位於第12度、黃緯南緯2°，是一等星，[其性質類似]金星與水星的結合。還有**長矛**，它被稱作Samach al-Ramach[154]，當前位於第13度、黃緯北緯31½°，也是一等星，[其性質類似]木星與火星的結合。在星座的末端還有一顆明亮的二等恒

---

151 | 儘管在句子開頭提到的是九分部，但下面列出的是星座內十二分部主星。這可能是一個抄寫上的「修正」，因為天秤座九分部主星順序與其十二分部的前九個主星順序完全相同，作者希望避免重複。

152 | 拉丁文文本中此處是2度陽性度數，但看上去是個簡單錯誤，即阿拉伯數字11被誤認為是羅馬數字Ⅱ。[羅伯特·漢]

153 | 拉丁文文本中此處度數是7、20和23。[羅伯特·漢]

154 | 可能是位於**天平**以北的牧夫座大角星（Arcturus）。牧夫座通常是一個手持棒子的牧人形象。參見*S.N.* 第97、100、101頁：「**棒子**，後被認定為**長矛**，從而以 Al Rāmih 命名，這一名稱被阿拉伯人普遍使用，但之後在早期歐洲天文學著作中被簡化為 **Aramech**，……」「阿拉伯人把大角星稱作 **Al Simāk al Rāmih**，有時也翻譯成**持長矛之人的腿**……在奇爾米德《天體論》裡稱為 **Somech Haramach**……」「長矛」在希伯來文裡是*romakh*（רומח）和*somekh*（סומך），意思是「支援」甚至「握住」。

星，位於黃緯北緯24½°，[其性質類似]金星與水星的結合。

天蠍座是水象星座、陰性星座及夜間星座，代表北方和冬季[155]，它是固定星座。星座中每天的[日光]時都比均等的小時短。它是直行的，且步伐是長的。它代表[各種]不穩定的、性質不同的濕，對生命幾乎沒有任何幫助。總體而言，[它引發]雷和閃電。天蠍座前段潮濕而多變，中段是混合的，末段則有暴風疾雨。它的北部是潮濕的，南部則是寒冷的。天蠍座是蠍子的形象。它對應北方的左側，代表北風，以及讓人無法承受的潮氣。它代表鹹味與寡淡的味道，代表的顏色是紅色、綠色以及大地的顏色。它代表蠍子及[其他]類似的生物、小型爬行動物、水生動物，還代表湍急的水流[156]，以及所有水中的植物，如珊瑚。它代表中等高度的樹木及[其他植物]。

天蠍座代表第三個區域[157]，代表的地區包括示巴（Sheba）、阿拉伯半島、塔尼亞（Tania）和卡夫洛斯（Kavros）。它還[掌管]葡萄園和有腐敗果實的果園，以及廢墟。

天蠍座代表的字母是 *tet*（ט）和 *shin*（שׁ）。它代表的年數是15，代表的月數也是15，它代表的天數是37½[158]，代表的小時數是4。

在天蠍座第一個外觀上升起的有一匹馬的後部，一頭公牛的後部，以及一個手拿棍棒的黑[人]。印度占星家認為這個外觀上升起一

---

155 | 拉丁文文本稱天蠍座為秋天的星座。[羅伯特・漢]

156 | 我們手中所有的文本在這一點上都是一致的，但這有點奇怪，因為絕大多數古典資料都認為天蠍座代表靜止的水，而不是流動的水。[羅伯特・漢]

157 | 指第三氣候區。參見前文註釋13。[羅伯特・漢]

158 | 在另一份希伯來文手稿的註腳中，此處顯示為38天。

個美麗的女人，她的身體是紅色的，正在吃東西[159]。根據托勒密的說法，這個外觀上升起的形象有**小熊**的前爪，**狗**的頭和右前肢，以及**天平**的中間部分。

在天蠍座第二個外觀上升起的有一個裸體男人，一匹馬的中間部分，以及一頭公牛的中間部分。印度占星家認為這個外觀上升起的是一個離開家的女人，她赤身裸體，正要進入大海[160]。根據托勒密的說法，這個外觀上升起的形象有**小熊**前爪的末端、**龍尾巴**的末梢、**北方皇冠**、[ ][161]的生殖器和他的腿，以及**蠍子的皇冠**。

在天蠍座第三個外觀上升起的有馬的前端，攜野兔者，以及**公牛**的前端。印度占星家認為這個外觀升起的有一隻狗、兩頭豬、一隻白毛的大獵豹[162]，以及各種掠食動物[163]。根據托勒密的說法，這個外觀上升起的形象有**小熊**，**跪行之人**[164]的雙腳、肩膀和右臂，**蠍子**的腹部，以及**香爐**的頂部。

出生在天蠍座的人有些黑，毛髮很多，[且]其中有些人膚色發

---

159 |《賢者之書》:「在天蠍座的第一個外觀上升起一個男人，右手握著一支長矛，左手提著一顆人頭。這個外觀代表處置、悲傷、邪惡的意志以及敵意。這就是它的形式。」
　　阿格里帕:「天蠍座的第一個外觀上升起一個有良好習慣的漂亮女人，兩個男人正在打鬥。這些形象的排列代表了合宜、美麗，也代表爭鬥、背叛、欺騙、誹謗和毀滅；……」[羅伯特·漢]

160 |《賢者之書》:「在天蠍座的第二個外觀上升起一個騎著駱駝的男人，手裡抓著一隻蠍子。這個外觀代表知識、謙遜、處置，也代表一個人對另一個人惡言相向。這就是它的形式。」
　　阿格里帕:「天蠍座的第二個外觀上升起一個裸體男人，一個裸體女人，還有一個坐在地上的男人，在他身前有兩隻互相咬的狗。這些代表失無禮、詭詐、虛假交易，也代表在人群中造成傷害和衝突；……」自此開始，伊本·伊茲拉和以上兩個文獻來源之間的差異越發顯著。[羅伯特·漢]

161 |此處遺漏的詞彙是「天秤座」。我選擇不用它，因為此處的短語指的是人體的一部分，而天秤座——**天平**是沒有生命的。這可能是一個抄寫錯誤，並且它很可能指的是這片天空中的另外兩個人類形象之一——武仙座，甚至是蛇夫座，又或者是前文提到的**天平**中的人物。[羅伯特·漢補充]拉丁文文本有關生殖器的內容與希伯來文文本相同。這表明，如果這是一個抄寫錯誤，那它是個古老的錯誤。

162 |可能是指豺狼座。根據*S.N.*第278頁的描述:「…… **Al fahd**，阿拉伯人對這個星座的稱呼，意思是**獵豹**或黑豹。」

163 |《賢者之書》:「在天蠍座的第三個外觀上升起一匹馬和一隻兔子。這個外觀代表邪惡的工作和品味，用武力迫使不情願的女人和他們在一起。這就是它的形式。」
　　阿格里帕:「……天蠍座的第三個外觀上升起一個跪倒的男人；一個女人正用棍子打他。它代表醉酒、通姦、憤怒、暴力以及爭鬥。」[羅伯特·漢]

164 |即武仙座。

紅,這要根據本命盤中的行星相位來判定。他的眼睛正常但比較小,腿長腳大,走路又快又靈活。他臉盤大,前額窄,肩膀寬,相貌醜陋,沉默,不善言辭,有很多子嗣。他是有破壞性的、奸詐的、暴躁的,是撒謊者、愛說長道短的人。他是沮喪的,慷慨的[165],聰明,狡猾,有欺騙性。

出生在天蠍座第一個外觀的人比較帥,頭上有胎記,眼睛似貓眼,胸膛寬闊。有些人的胎記在左腿或右臂上。他是聰明之人,說話很快。

出生在天蠍座第二個外觀的人頭很大,比較帥,陰莖上或後背部有胎記,聰明,健談。

出生在天蠍座第三個外觀的人身材矮小,眼睛彎曲。他會吃、喜歡女人,經常沮喪。出生在星座末尾的人要麼是個私生子,要麼是個低能兒[166]。

天蠍座代表人身體的生殖器、隱蔽的地方、男人及女人的腹股溝。它是代表畸形的星座[之一],代表眼疾以及壞血病,也代表癌症、疥瘡、麻風病、麻點和禿頂等疾病。[在]女人的本命盤中[它]是不好的。[上升]點落在天蠍座第21度至第24度之間會有眼疾[167]。

天蠍座代表人群中的惡意、卑鄙之人。火星在天蠍座入廟,月亮在天蠍座第3度入弱。日間[的三分性主星]是金星,接著是火星;而在夜間先是火星,接著是金星。日間與夜間的共同主星是月亮。

根據埃及占星家的說法,土星[落在其中]代表疾病在腿部,木

---

165 | 此特性似乎不屬於這裡,可能是抄寫錯誤。[羅伯特·漢補充]拉丁文文本此處是*voluntariosus*,這是詞根*voluntar-*的非正式形式。這個詞根的詞與意志相關,也是「自願」一詞的來源。這個詞也可解釋為「任性」,這與本節中其他的形容詞更契合。
166 | 奇怪的是,拉丁文文本此處說的是「要麼是雙性人,要麼是無性人」。
167 | 眼疾與天蠍座α星心宿二(Antares)有關。心宿二目前在回歸黃道射手座9°,其名字源自火星(Mars,譯註:馬爾斯,羅馬神話中的戰神,希臘神話中稱為阿瑞斯),即阿瑞斯(Ares)。參見*S.N.*第365頁。

星表示疾病在腳上，火星代表生殖器疾病，太陽表示心臟疾病，金
星表示疾病與臀部[168]相關，水星則在胃部，月亮則代表疾病在臟腑上
部（胃）。

根據埃及以及巴比倫占星家的說法，天蠍座第一個外觀[主星是]
火星，第二個的主星是太陽，第三個是金星。而印度占星家認為，天
蠍座第一個[外觀主星是]火星，第二個的主星是木星，第三個是月亮。

以下是埃及以及[其他]占星家們關於界的說法：7度[分配給]火
星，4度給金星，8度給水星，5度給木星，7度給土星[169]。根據托勒
密的說法，6度[分配給]火星，6度是水星界，7度是木星界，6度是
金星界，5度是土星界[170]。

第一個九分部[的主星]是月亮，第二個是太陽，第三個是水
星，第四個是金星，第五個是火星，第六個是木星，第七及第八個是
土星，第九個是木星。

第一個十二分部[的主星]是火星，第二個是木星，第三及第四個
是土星，第五個是木星，第六個是火星，第七個是金星，第八個是
水星，第九個是月亮，第十個是太陽，第十一個是水星，第十二個是
金星。

天蠍座由頭到尾前3個度數是混合度數，接著5度是光亮度數，
再6度是空白度數，接著6度是光亮度數，之後2度是暗黑度數，再5
度是光亮度數，最後3度為混合度數。

天蠍座由頭到尾前4度是陽性度數，之後6度是陰性度數，接著

---

168 ｜ 在一些希伯來文手稿的註腳中使用的詞彙是 *me'ayim*（מעיים），意思是「腸子」，在另一些手稿中用的則是
motnayim（מתניים），意思是「臀部」或「腰部」。根據行星的主管順序，這裡應該是指臀部。另一個詞應該是
個抄寫錯誤，誤把「ת」寫成了「ע」。[羅伯特・漢補充]拉丁文文本此處是「腰部」。

169 ｜ 這是個錯誤，應該是6度。[羅伯特・漢補充]拉丁文文本此處是6度。

170 ｜ 此處拉丁文文本的記載如下：「6度火星界，7度金星界，8度木星界，6度水星界，3度土星界。」[羅伯
特・漢]

4度是陽性的,之後5度是陰性的,再8度是陽性的,最後3度是陰性度數[171]。

　　行星的缺陷度數是第9度、第10度、第17度、第22度、第23度和第27度。賦予恩典和榮耀的度數是7、12及20。

　　至於超級恆星,當前在天蠍座第7度有一顆叫**蠍子之角**的二等[172]恒星,它位於黃緯北緯8½°,[其性質類似]木星與金星的結合。當前在第16度還有一顆稱作**動物之腿**的一等恒星,它位於黃緯南緯41°10′,[其性質類似]火星與木星的結合。**蠍子之心**(心宿二)目前在星座第28度,黃緯南緯3°的位置,它是一顆二等星[173],[其性質類似]火星與木星的結合。

　　射手座是火象星座、陽性星座及日間星座。它代表冬季[174],是雙體星座。星座中每天的[日光]時都比均等的小時短。在它結束時,所有地區白天的時長開始增加,而夜晚的時長開始減少。它是直行的,且步伐是長的。它的[元素]性質是熱和乾,對動植物具有破壞性。總體而言,它是多風的;它的前段是濕冷、多雪的,中段比較溫和,末段則是熱的。它的北部是乾燥的,南部是濕潤的。它有兩種形態,前一半是人的形象,後一半是馬的形象。它代表東方的右邊,以及東風。它代表的味道是苦和熱辣的。它產生紅膽汁,代表的顏色是黃色和紅色,以及大地的顏色。

　　射手座代表人、馬、鳥、獸以及爬行生物。它代表的金屬是鉛

---

171 | 拉丁文文本這樣記載:「4度陽性度數,6度陰性度數,8度是陽性的,5度是陰性的,8度是陽性的,3度是陰性的」,加起來一共34度。顯然,第二組4度的陽性度數被改為8度了。[羅伯特·漢]
172 | 在另一份希伯來文手稿的註腳中,此處為「一等星」。
173 | 在另一份希伯來文手稿的註腳中,此處為「一等星」。
174 | 拉丁文文本中此處是「秋季」。

以及被稱作翡翠的那種寶石[175]。

　　射手座代表第二個區域[176]，代表的地區包括拉埃（Rai）、伊斯法罕，還代表所有的高山、花園、所有被水灌溉的地方、養馬和牛的地方，以及光滑的石頭。

　　射手座代表的字母是 *yod* (י) 和 *tav* (ת)。它代表的年數是12，代表的月數也是12，它代表的天數是 30[177]，代表的小時數是12。

　　在射手座第一個外觀上升起的形象有一個**裸體男人**，他扭轉身體，頭上有一隻**烏鴉**[178]。這裡升起的還有**狗**的身體[179]以及**樹**[180]的頂端。印度占星家認為這個外觀上升起的是一個裸體男人，從頭到肚臍的位置是人的形象，從肚臍往下則是馬的形象，他手拿弓箭，正在叫喊[181]。根據托勒密的說法，這個外觀上升起的有**小熊**的脖子，**龍尾巴**的末端，**跪行之人**的後部，他的後頸以及頭，**蠍子**的末端，[**蠍子**]尾巴上的**節**[182]，還有**香爐**的爐體部分。

---

175 | 除了「人」、「馬」和「翡翠」之外，其他屬性似乎是文本錯誤，因為它們通常被歸類於相鄰的天蠍座和摩羯座。[羅伯特·漢補充]此處拉丁文文本有 *plumbum*（鉛）以及 *stagnum*。後者從字面上看，意思是靜止的水，但這可能是文本錯誤，原詞應是 *stannum*，也就是錫，傳統上與射手座的主管行星木星相關。

176 | 指第二氣候區。參見前文註釋13。[羅伯特·漢]

177 | 另一份手稿的註腳中此處為「33」。

178 | 「裸體男人」可能指位於人馬座以北的武仙座（譯註：赫拉克勒斯）。參見 *S.N.* 第241頁：「通常這個星群被描繪成手持棍棒，身披獅皮的人物形象，……但《法內斯星圖集》中描繪的是一個裸體、跪著的年輕人形象；……」烏鴉可能是指向在這片天空中的天鷹座——鷹，參見 *S.N.* 第57頁：「然而，阿什薩西（Al Achsasi，譯註：十七世紀埃及天文學家）稱它為 **Al Ghurāb**，烏鴉，這可能是一個阿拉伯時代後期的名字，也是迄今為止我見過的唯一一個用它來稱呼天鷹座的例子。」

179 | 狗的形象可以在武仙座 α 星中找到。參見 *S.N.* 第243頁：「**Ras Algethi**……，**下跪者的頭**。」遊牧民族對它的稱呼是 **Al Kalb al Rā'i**，**牧羊人的狗**，我們的 α 星與相鄰5度遠的蛇夫座亮星（譯註：指蛇夫座β星）共用這一名稱。」

180 | 赫拉克勒斯一手拿著棍棒，另一隻手拿著一根蘋果樹枝或蘋果樹。參見 *S.N.* 第241、242頁。

181 | 《賢者之書》：「在射手座的第一個外觀上升起三個男人，一個黃，一個白，還有一個是紅的。這個外觀代表熱量、重量、結出果實的田野和土地、維持和分裂。這就是它的形式。」
　　阿格里帕：「射手座的第一個外觀上升起一個的男人，披掛著一副男士盔甲，手裡拿著一把白刃。這個外觀象徵膽識、惡意，以及自由。」[羅伯特·漢]

182 | 這可能是指蠍子尾巴上的一些恒星的名字。參見 *S.N.* 第372頁：「比魯尼寫道，λ星和υ星都位於 **H·arazāh**，**節的連接處**。」

　　射手座第二個外觀上升起一個右手握著**山羊**[183]角的人，還有**鬣狗**的頭、**野兔**的一半、**船**的一半[184]，**海豚**的前一半，以及**蜥蜴**的一半。印度占星家認為這個外觀上升起一個頭髮濃密的美麗女人，她穿著衣服，戴著耳飾，在她身前還有一個敞開的箱子，裡面有黃金飾品[185]。根據托勒密的說法，這個外觀上升起**小熊**的腹部，**龍**身體末端和頭的末端，**跪行之人**的膝蓋、腳和左臂，<**動物的**>[186]身體末端，**箭和箭袋**[187]，**南方皇冠**的末端。

　　在射手座第三個外觀上升起的形象有一隻**狗**，**鬣狗**身體的末端，**野兔**的身體，**獅子**身體的剩餘部分[188]，**船**的另外半部分，**海豚**身體的餘下部分，**蜥蜴**的尾巴，以及**大熊**身體的一半。印度占星家認為這個外觀升起一個膚色金黃的男人[形象]，他手裡拿著一個[看起來像]木製耳飾的東西，他被樹皮製成的門所遮掩[189]。根據托勒密的說法，在這個外觀升起的形象有**小熊**身體的中段，**龍**身體的末端和它的頭，**降落的鷹**[190]身體的末端，**弓箭手**的頭、肩膀和腿，以及**南方皇冠**。

　　出生在射手座的人身姿挺拔，膚色發黃，睪丸長，腿粗。他快樂、強壯、慷慨。他的前額和鬍鬚都很優雅，頭髮稀疏，腹部

---

183 | 我所知道的這個區域中唯一的**山羊**是摩羯座，在射手座的天空區域裡無法找到與山羊有關的形象。

184 | 「**鬣狗**」、「**野兔**」和「**船**」出現在這裡可能是文本錯誤，因為這片天空中無法找到這些形象，它們應該在天空的另一邊（豺狼座、天兔座、南船座）。

185 | 《賢者之書》：「在射手座的第二個外觀上升起一個牽著幾頭牛的男人，在他前面抓著[或還有]一隻猴子和一隻熊。這個外觀代表恐懼、悲傷、哀悼、悲慘和不安。這就是它的形式。」
阿格里帕：「……射手座的第二個外觀升起一個穿著衣服在哭泣的女人。這個外觀代表悲傷，以及對他[原文如此]自己的身體的恐懼。」[羅伯特‧漢]

186 | 基於其他不同文本。指**蛇**，即蛇夫座所握之蛇。參見 S.N. 第374頁和前文第一章的註腳。

187 | 這可能要麼屬於人馬座，要麼屬於附近的天箭座（Sagitta）——**箭**。

188 | 這片天空區域沒有**獅子**，只有武仙座被描述為披著獅頭和獅皮（見 S.N. 第241頁）。這也可能導致了另一個錯誤，即「**鬣狗**」、「**野兔**」和「**船**」都是在天空另一邊獅子座——**獅子**附近可以看見的形象，卻被錯置到這裡。

189 | 《賢者之書》：「在射手座的第三個外觀上升起一個頭戴帽子的人，殺死了另一個人。這個外觀代表罪惡的傾向、敵對和邪惡的影響，以及類似事情的快速發生，也代表敵意、驅散和邪惡的行為。這就是它的形式。」
阿格里帕：「射手座的第三個外觀上升起一個膚色金黃的男人，或一個懶散的人，手裡正玩弄著一根棍棒。這個外觀代表遵從自己的意志並固執於此，活躍於邪惡的事項，爭論和可怕的事情。」[羅伯特‧漢]

190 | 如前文第一章註釋15所述，這是天琴座的另一個名字。參見 S.N. 第280、281頁。

較大。他彈跳敏捷、很愛馬，有幾何知識（knowledgeable in geometry）[191]，並具[良好]的品質。他並非一成不變，聲音較弱，子女也不多。

出生在射手座第一個外觀的人外貌俊美，身形挺拔。他追求良善，與國王和要人有聯繫。

出生在射手座第二個外觀的人身材俊美，但臉龐沒有光澤。他的眉毛彷彿揪在一起，胸部有胎記。

出生在射手座第三個外觀的人身材高大，臉龐俊美，眼睛似貓眼，胸膛寬闊，體格強壯，左腿上有胎記。他很謙虛，願意給出建議，[他是個]誠實的人。出生在星座末尾的人是好色的。總體而言，它代表的是正直的人。

射手座代表人身體的睪丸[192]、胎記，以及多餘的身體部分，例如多出的手指。[它代表]的疾病包括失明和發燒[193]，從高處跌落，因動物或蛇的毒液致病，以及與截肢相關的疾病。射手座第15度至第18度代表眼疾。

射手座代表的人物有法官、牧師、慈善家和仁慈之人、解夢者、弓箭手以及商人。

木星在射手座入廟，南交點在射手座3°入旺，水星在此星座入陷。當前射手座第12度是土星的至高位置，而太陽和金星在27°位於最低位置[194]。

根據埃及占星家的說法，土星[落在其中]代表腳部疾病，木星表

---

191 ｜ 這個短語也可理解為「行為舉止明智」。
192 ｜ 這個說法有些令人困惑，因為睪丸通常與天蠍座相關，而射手座則與大腿有關。然而，這似乎也不是個錯誤，因為這樣的聯繫也出現在其他一些地方。
193 ｜ 改變一個字母，「禿頂」（karakhat，קרחת）就能變成「發燒」（kadakhat，קדחת），後者似乎更符合此處的意思。[羅伯特·漢補充]拉丁文文本支持關於「發燒」的解讀，利維和坎特拉也是這樣翻譯的。
194 ｜ 這些關於至高點與至低點的數值。參見前文註解31。

示疾病在頭上，火星代表睪丸部位疾病，太陽代表心臟疾病，金星表示疾病與生殖器相關，水星則在臀部，月亮則在腹部。

射手座的三分性主星在日間是太陽，接著是木星；而在夜間先是木星，接著是太陽。日間與夜間的共同主星是土星。

根據埃及人以及巴比倫人的說法，射手座第一個外觀[主星是]水星，第二個的主星是月亮，第三個的主星是土星。而印度占星家認為，射手座第一個[外觀主星是]木星，第二個是火星，第三個是太陽。

以下是埃及以及[其他]占星家們關於界的說法：12度[分配給]木星，5度給金星，4度給水星，5度給土星，4度給火星。根據托勒密的說法，8度[分配給]木星[195]，6度是金星界，5度是水星界，6度是土星界，5度是火星界。

第一個九分部[的主星]是火星，第二個是金星，第三個是水星，第四個是月亮，第五個是太陽，第六個是水星，第七個是金星，第八個是火星，第九個是木星。

第一個十二分部[的主星]是木星，第二和第三個主星是土星，第四個是木星，第五個是火星，第六個是金星，第七個是水星，第八個是月亮，第九個是太陽，第十個是水星，第十一個是金星，第十二個是火星。

射手座由頭到尾前9個度數是光亮度數，接著3度是混合度數，接著7度是光亮度數，再4度是暗黑度數，最後7度為空白度數[196]。

星座由頭到尾前2度是陽性度數，接著3度是陰性的，接下來7度是陽性的，之後12度是陰性的，最後6度是陽性度數。

---

195 | 拉丁文文本此處寫的是4度，很顯然是錯誤的。[羅伯特·漢]
196 | 拉丁文文本這樣記載：「9度光亮度數，9度混合或煙霧度數，7度光亮度數，4度暗黑度數，7度混合度數」，加起來一共36度。顯然拉丁文文本是錯誤的。[羅伯特·漢]

　　行星的缺陷度數是第7度、第12度、第15度、第24度、第27度和第30度。賦予恩典和榮耀的度數是第13度及第20度。

　　至於暗[197]星，包括當前在射手座第17度**蠍子之尾**後方的一顆恆星，它位於黃緯南緯13°15′。還有一顆被稱為**箭**[198]的恒星位於第18度[199]、黃緯南緯6°20′。當前在星座末度數位置有一顆叫做**弓箭手之眼**[200]的恒星，位於黃緯北緯45′。

　　摩羯座是土象星座、陰性星座及夜間星座，代表南方和寒冷的季節。它是改變星座。星座中每天白晝的時長都會增加，而黑夜的時長都會減少。每一天的[日光]時都比均等的小時短。其[元素]性質是冷和乾，是有害的。它的前段是溫暖和濕潤的，中段是混合的，末段則無論南方或北方都多雨。它是扭曲的，且步伐是短的。它的眼睛缺少了[一部分][201]。它有兩種形態和兩種元素。它的形態前半部是有蹄的陸生動物，後半部則是水生動物[202]。

　　摩羯座代表黑膽汁[203]。它代表的味道是澀味和苦味，代表的顏色是黑色和大地的顏色。

　　它代表的生[物]是一切有蹄的四足動物，一些水生動物，還代表蠕蟲、跳蚤和蒼蠅。[它]代表的植物是橄欖、堅果、角豆、五倍子、

---

197 | 希伯來文文本此處用詞是「*hashuhim*（חשוכים）」，意思是「黑暗的」，但我認為，這個詞可能是「*hashuvim*（חשובים）」，也就是「重要的」。[羅伯特·漢補充]對應的拉丁文文本也是「黑暗」之意，由此可見這是一個古老的錯誤。

198 | 這可能是指人馬座的 γ 星。參見 *S.N.* 第357頁：「**Al Nasl**，點……標記了箭頭的位置……」

199 | 在一些希伯來文手稿的註腳中，此處是「第28度」。

200 | 參見 *S.N.* 第359頁：「v1和v2，是 **Ain Al Rāmī**，弓箭手的眼睛。」

201 | 這個說法在別處找不到，但可以在 *S.N.* 第136頁關於摩羯座的內容中得到解釋：「厄拉托忒尼斯稱它為 Πάν 和 'Αιγι-Πάν，長著山羊腳的潘，***完成了一半的***[我特別強調]，史密斯（William Henry Smyth，譯註：威廉·亨利·史密斯，十八世至十九世紀英國天文學家及水文地理學家）說，因為當看到怪物提豐（Typhon）趨近時，他驚恐地跳進了尼羅河。」

202 | 摩羯座被描繪成一半山羊一半魚的形象。

203 | 黑膽汁在希伯來文中是「抑鬱」的同義詞，這是已知的摩羯座特性。土象星座通常是憂鬱的。

長有很多刺的樹木，以及環湖而生的[草木]，如竹子和蘆葦。

摩羯座代表第一個區域[204]，還代表包括庫什、莫克蘭（Makran）、安曼（Amman）、信德（Sind）、阿辛德（Alhind）、阿霍杜（Alhodu，印度），以及以土買（Idumea）的廣闊土地。

摩羯座代表的地點有果園、一切被灌溉的土地、水源、河流和水庫、狗窩和狐狸窩、牢房、奴隸的處所、有火但火已熄滅的地方、牧羊的草場，以及荒蕪之地[205]。

摩羯座代表的字母是 *kaf* (כ) 和 *het* (ח)。它代表的年數是27[206]，代表的月數也是27，它代表的天數是307½，代表的小時數是14。

摩羯座第一個外觀上升起的形象有**大熊**的另外一半，一個正在演奏音樂的女人[207]，大魚的頭[208]，**惡水之泉**，一隻猴子的身體，以及一隻狗的頭。印度占星家認為這個外觀升起一個易怒的黑人，他的身體像一頭野豬，毛髮濃密，牙齒尖利，像橫梁一樣長，他拿著一根趕牛棒，正在抓魚[209]。根據托勒密的說法，這個外觀上升起的是**小熊**的中段身體、脖子，以及**降落的鷹**身體的末端。

摩羯座第二個外觀上升起一個**坐在床上的女人**及她的**葡萄樹**[210]，一條大魚，以及**馬車**的一半。印度占星家認為這個外觀升起一個披著

---

204 | 指第一氣候區。參見前文註釋13。[羅伯特・漢]
205 | 這裡有一個明顯的矛盾，可能是因為本文錯誤，也可能是因為摩羯座的雙重屬性——山羊部分代表的土象（乾燥）以及魚的部分代表的水象（果園和牧場）。[羅伯特・漢補充]里利指出摩羯座主管「休耕之地」，這並非指寸草不生的荒蕪之地，而是指沒有莊稼正在生長的地方。
206 | 其他每一個星座代表的年份數都與其主星的最短週期（譯註：即行星小年）一致，因此這裡應該是30。然而，維替斯・瓦倫斯（Vettius Valens）似乎在他的行星週期系統中也給了摩羯座27年。參見瓦倫斯《占星選集・》（*Anthology*）第四冊第十章。[羅伯特・漢]
207 | 可能指天琴座，即使這個天文星座中並沒有人物的形象。
208 | 可能指海豚座。
209 | 《賢者之書》：「在摩羯座的第一個外觀上升起一個男人，右手拿著管子，左手拿著一把鋤頭。這個外觀代表幸福、快樂，也代表分散的任務、懶惰與軟弱，以及不斷的惡行。這就是它的形式。」
阿格里帕：「摩羯座的第一個外觀升起一個女人和一個提著滿滿的袋子的男人。這代表外出與享受，以軟弱和卑微來獲取和因此而失去……」[羅伯特・漢]
210 | 這裡的希伯來文詞語是 *gefen*（גפן），但在註腳中有一個替代詞彙 *sapan*（ספן），意思是「水手」。

斗篷的黑女人，她有一匹馬[211]。根據托勒密的說法，在這個外觀上升起的是**小熊**的末端，**龍**身體的末端，**母雞**[212]的右足、脖子和頭，**飛鷹**的身體，**摩羯**的羊角和頭，以及**弓箭手**的邊緣。

摩羯座第三個外觀升起大魚的尾巴，**惡[水]之泉**的末端，**猴子**的末端，**馬車**的另一半，以及**無頭者**的一半，因為頭在它自己的手上。印度占星家認為這個外觀升起一個儘管黑但很美麗的女人，她擅長各種手工和紡絲[213]。根據托勒密的說法，這個外觀上升起的形象有**龍**的末端，**母雞**身體的末端、右足和左翼，**海豚**，**摩羯**的中間部分，以及**魚**的尾巴。

出生在摩羯座的人身體俊美、姿態挺拔，但[看上去]乾巴巴的，頭小，兩腮很厚，鬍鬚令人印象深刻。他的胸部沒有毛髮，聲音很弱。他脾氣暴躁，有破壞性，聰明又狡詐，經常擔憂，喜性交和通姦。他有很多子女及雙胞胎。他徒勞無益，幾乎沒有力量。他可通過君王獲得財富，也會因為女人而有不幸降臨。

出生在摩羯座第一個外觀的人有好看的身體，胸膛寬闊，胳膊下會有黑色的胎記。他知識淵博、謙遜、聰明又大方。

出生在摩羯座第二個外觀的人身體也很俊美，鼻孔長，眼睛很好看。他本性邪惡，脾氣急躁[但]也很友好。

出生在摩羯座第三個外觀的人身體同樣俊美，但他的臉沒有光

---

211 |《賢者之書》：「摩羯座的第二個外觀上升起一個男人，在他前面有一隻猴子的一半。這個外觀代表謀求那些根本不可能或無法勝任的事情。這就是它的形式。」
　　阿格里帕：「……摩羯座的第二個外觀上升起兩個女人，以及一個正看著**空中飛翔的鳥**的男人。這些代表無法實現的要求，或追尋那些不可知的事情……」[羅伯特·漢]

212 | 指天鵝座。

213 | 指天琴座織女星（Vega），來自中國的人物形象織女。參見 *S.N.* 第285頁。[羅伯特·漢補充]
　　《賢者之書》：「在摩羯座的第三個外觀上升起一個拿著書的男人，不時打開和闔上書。在書的前面有一條魚的尾巴。這個外觀代表富有，金錢的積累，以及商業事務的上升趨向向好的結局。這就是它的形式。」
　　阿格里帕：「……摩羯座的第三個外觀上升起一個貞潔的女人，她做事聰慧，還有一個銀行家在桌子上彙集金錢。這個外觀象徵謹慎地管理以及對金錢的貪婪。」

澤，左臂或睾丸上有胎記。他易怒，痛恨邪惡，喜歡女人，聰明且友善。出生在星座末尾的人是個私生子。一般來說女人出生在摩羯座不好。

　　摩羯座代表人身體的睾丸部位以及與之相關的病症。[它代表的]疾病包括疥瘡、瘙癢、麻風病、聾啞、禿頂[214]、失明和下體出血。星座22度至25度代表眼疾。

　　摩羯座代表的人物是農夫、水手、中間人士[215]和牧羊人。

　　土星在摩羯座入廟，火星在28度入旺，木星在15度入弱，月亮在此星座入陷，水星的北交點在摩羯座26度。

　　摩羯座的三分性主星在日間是金星，接著是月亮；而在夜間先是月亮，接著是金星。日間與夜間的共同主星是火星。

　　根據埃及人的說法，土星[落在其中]代表頭部疾病，木星表示疾病在脖頸，火星代表膝蓋疾病，太陽表示疾病在腹部，金星表示疾病與睾丸相關，水星則與生殖器相關，月亮則代表疾病在臀部[216]。

　　根據埃及人以及巴比倫人的說法，摩羯座第一個外觀[主星是]木星，第二個的主星是火星，第三個的是太陽。而印度占星家認為，摩羯座第一個[外觀主星是]土星，第二個的主星是金星，第三個的是水星。

　　以下是埃及以及[其他]占星家們關於界的說法：7度[是]水星界，7度木星界，8度金星界，4度土星界，4度火星界。根據托勒密的說法，6度[是]金星界，6度水星界[217]，7度木星界，6度土星界，

---

214 | 改變一個字母，「禿頂」(*karakhat*，קרחת)就能變成「發燒」(*kadakhat*，קדחת)，似乎更符合此處的意思。
　　[羅伯特·漢補充]拉丁文文本支持關於「發燒」的解讀，利維和坎特拉也是這樣翻譯的。
215 | 普通人或中產階級。
216 | 此處文本用詞為 *me'ayim*(מעיים)，意思是腸道，但根據前文註解30所解釋的原則，「臀部」才是正確的。
217 | 拉丁文文本是8度水星界，顯然是錯誤的。[羅伯特·漢]

5度火星界。

第一及第二個九分部[的主星]是土星，第三個是木星，第四個是火星，第五個是金星，第六個是水星，第七個是月亮，第八個是太陽，第九個是水星。

第十個[218]是金星，第十一個是火星，第十二個是木星。

摩羯座由頭到尾前7個度數是混合度數，接著3度是光亮度數，再5度是暗黑度數，接著4度是光亮度數，再2度為混合度數，接著4度是空白度數，最後5度為光亮度數。

星座由頭到尾前11度是陽性度數，接著8度是陰性的，最後11度是陽性度數。

行星的缺陷度數是第2度、第17度、第22度、第24度和第28度。賦予恩典和榮耀的度數是13[219]、14和20。

摩羯座的超級恒星有當前在星座3°的**降落的鷹**[220]，它位於黃緯北緯62°，是一等星，[其性質類似]金星與水星的結合。[還有]當前在19°的**飛鷹**[221]，它位於黃緯北緯29°10′，是二等星，其性質類似木星。星座7°至13°之間有一些雲狀恆星。

水瓶座是風象星座、陽性星座及日間星座，代表西方和寒冷的[季節]，[是]固定星座。星座中每一天的[日光]時都比均等的小時短。它是扭曲的，且步伐是短的。它的[元素]性質是熱和濕，有破壞性。它代表對生命有害的氣體，以及會帶來損失與破壞的風。它的前

---

218 ｜伊本·伊茲拉將九分部和十二分部合併在一起描述，因為星座九分部主星和十二分部前九個主星的順序是一致的，就像天秤座的情況一樣。[羅伯特·漢補充]拉丁文文本將它們分別列出。

219 ｜拉丁文文本還增列了第12度。[羅伯特·漢]

220 ｜天琴座α星織女星。

221 ｜天鷹座α星。

段是非常潮濕的，中段是混合的，末段則會產生風。它的北部會產生雪，南部會產生雲。

水瓶座僅具有人形，代表的方向是西方的左邊，代表海風。水瓶座代表血液，代表的味道是甜味，代表的顏色是綠色、橙黃色以及灰塵的顏色。水瓶座代表人民、大臣[222]，以及醜陋的人。

水瓶座代表第二個區域[223]，代表的地區包括庫什、庫法、哈維扎（Al-Haviza）和卡巴特（Al-Kabat）。

水瓶座代表流水、海洋、蒸餾[224]的場所、賣葡萄酒的地方、山中的上地、所有的酒[館]、妓院、所有用來汲水的器皿[225]。

水瓶座代表的字母是 lamed (ל) 和 dalet (ד)。它代表的年數是30，代表的月數也是30，它代表的天數是75，代表的小時數是6。

在水瓶座第一個外觀上升起一個人的頭部，他手中有一匹馬。這裡還升起一隻鳥，頭是黑色的，它在捉魚。

印度占星家稱這個外觀上升起一個黑人，他是個熟練的銅匠[226]。根據托勒密的說法，這個外觀上升起的是**小熊**尾巴的末端，**母雞**的腳，第一匹**馬**的頭，以及**山羊**的後部與尾巴。

水瓶座第二個外觀上升起**馬**的身體以及捉魚的**鳥**的翅膀。印度占星家認為這個外觀上升起一個膚色很黑的人，他的鬍子很長，手裡拿

222｜希伯來文 sarim (שרים) 是指大臣或王子，但是根據伊本‧伊茲拉在《緣由之書》中關於水瓶座的另一種描述，它可以被解讀為 shedim (שדים)，意思是惡魔或鬼魂。[羅伯特‧漢補充]拉丁文文本此處描述如下：「……王子和他們中所有的外行人。」

223｜指第二氣候區。參見前文註釋13。[羅伯特‧漢]

224｜這個詞是 zehuhit (זכוכית)，通常意思是指「玻璃」。這個詞根也用於意思是「純潔」或「淨化」的詞語。「玻璃」似乎脫離了描寫水瓶座的常規語境，而「蒸餾」則呼應下文與葡萄酒有關的短語。

225｜拉丁文文本寫道：「它代表的地方包括流水、海洋、運河、賣葡萄酒的地方、一切山 (mortuosam 讀作 montuosam) 地、灌溉之地、皮條客安排之地，以及各種盛水的容器。」

226｜《賢者之書》：「在水瓶座的第一個外觀上升起一個男人，他的頭被砍短[掉？]了，手裡拿著一隻孔雀。這個外觀代表苦難、貧窮，以及處理瑣碎之事的奴隸。這就是它的形式。」
阿格里帕：「水瓶座的第一個外觀升起一個謹慎的男人和一個正在紡線的女人。這些代表為了有所收穫而思考與勞動，貧窮以及卑微……」[羅伯特‧漢]

著弓箭和裝著金子、寶石的錢袋[227]。根據托勒密的說法，這個外觀上升起的是**小熊**的尾巴，**第一及第二匹馬**[228]的身體，**水桶**[229]的開始部分，以及**南魚**腹部的中間部分。

在水瓶座第三個外觀上升起的形象有**母雞**，手中有**馬**的**男人**的臀部，以及捉魚的**鳥**的末端。印度占星家認為這個外觀上升起的是一個憤怒和狡詐的黑人，他耳朵裡有毛，頭上戴著一頂樹葉做的頭冠，他從一個地方轉到另一個地方[230]。根據托勒密的說法，這個外觀上升起**小熊**尾巴，**馬**的身體，**水桶**的末端以及**南魚**的頭。

出生在水瓶座的人身材矮小，頭大，一條腿粗一條腿細。他慷慨、英俊、自命不凡。他畢生所求就是增加財富。他不育或子女很少。

出生在水瓶座第一個外觀的人有俊美的身體和臉龐，胸部或左腿上有胎記。他聰明、喜社交。

出生在水瓶座第二個外觀的人身材高大，臉色紅潤，背上和胳膊下有胎記。他終日[生活]在艱困[231]中。

出生在水瓶座第三個外觀的人身材矮小，有俊美的身體和臉龐，臉色紅潤，胳膊下有胎記。他喜歡女人。出生在星座末尾的人在外表和行為舉止上都與眾不同。

水瓶座代表人身體的腿部以及與之相關的病症。它代表黑膽汁

227 |《賢者之書》：「水瓶座的第二個外觀上升起一個像國王一樣的男人，他非常重視自己，回避他看到的人。這個外觀代表著美麗、有地位、擁有所追求的、完整、傷害和弱點。這就是它的形式。」

　　阿格里帕：「……水瓶座的第二個外觀上升起一個長著長鬍子的男人。這代表理解、溫順、謙遜、自由，以及禮貌……」[羅伯特·漢]

228 | 參見 *S.N.* 第324頁關於飛馬座的描述：「阿拉伯天文學家遵循托勒密稱之為 Al Faras al Thānī，**第二匹馬**……」第一匹馬可能指小馬座（Equus）。

229 | 根據 *S.N.* 第45頁的描述，阿拉伯天文學家把水瓶座整個星座稱為「水桶」。

230 |《賢者之書》：「在水瓶座的第三個外觀上升起一個男人，[他的]頭被砍短[掉？]了，一個老婦人和他在一起。這個外觀代表富足、得償所願，以及侮辱的行為。這就是它的形式。」

　　阿格里帕：「……水瓶座的第三個外觀有一個憤怒的黑人。這象徵傲慢和厚顏無恥。」[羅伯特·漢]

231 | 這個詞也可被理解為「悲傷」。[羅伯特·漢補充]拉丁文文本用的詞是 *dolore*，意思是「帶著痛苦」或「帶著悲傷」。

（抑鬱）、黑色黃疸、動脈阻塞。星座20度至25度代表眼疾。

水瓶座代表的人物是卑微和受苦的人、農夫和皮匠。

土星在水瓶座入廟，太陽在此入陷，沒有行星在水瓶座入旺和入弱。當前水瓶座12°是火星的最低位置[232]。

根據埃及人的說法，土星[落在此星座]代表頸部疾病，木星表示疾病在手臂上，火星代表腿部疾病，太陽表示疾病在腸道，金星表示疾病與膝蓋相關，水星則與睪丸疾病相關，月亮則代表疾病與生殖器有關。

水瓶座的三分性主星在日間是土星，接著是水星；而在夜間先是水星，接著是土星。日間與夜間的共同主星是木星。

根據埃及人以及巴比倫人的說法，水瓶座第一個外觀[的主星是]金星，第二個外觀的主星是水星，第三個外觀的主星是月亮。而印度占星家認為，水瓶座第一個[外觀主星是]土星，第二個的主星是水星，第三個的主星是金星。

以下是埃及人以及[其他]占星家們關於界的說法：7度[分配給]水星，6度給金星，7度給木星，5度給火星，5度給土星。根據托勒密的說法，6度[分配給]土星，6度水星界，8度金星界，5度木星界，以及5度火星界。

第一個九分部[的主星]是金星，第二個是火星，第三個是木星，第四及第五個主星是土星，第六個是木星，第七個是火星，第八個主星是金星，第九個是水星。

第一個十二分部[的主星]是土星，第二個是木星，第三個是火星，第四個是金星，第五個是水星，第六個是月亮，第七個是太陽，

---

232 | 這是關於至低點的數值。參見前文註解31。

第八個是水星，第九個是金星，第十個是火星，第十一個是木星，第十二個是土星。

水瓶座由頭到尾前4個度數是暗黑度數，接著5度是光亮度數，再4度是混合度數，接著8度是光亮度數，再4度是空白度數，最後5度為光亮度數。

星座由頭到尾前5度[是]陽性度數，接著7度是陰性的，再6度是陽性的，7度是陰性的，最後5度是陽性度數。

行星的缺陷度數是第1度、第12度、第17度、第22度[233]和第29度。賦予恩典和榮耀的度數是9、17和20[234]。

至於超級恒星，當前在星座23°有**南魚的嘴**[235]，它位於黃緯南緯23°20′，是一等星，[其性質類似]金星與水星的結合。當前在星座25°**母雞**尾巴的位置有一顆叫*Al-Ridf*[236]的恒星，它位於黃緯北緯60°，是二等星，[其性質類似]金星與水星的結合。星座12度至14度之間**馬頭**的位置還有4顆暗星。

雙魚座是水象星座、陰性星座及夜間星座，代表寒冷的[季節]，它是雙體星座。當它結束時，日夜等長。星座中每天的[日光]時都比均等的小時短。它是扭曲的，步伐是短的。它的肢體被截斷[237]。它的冷和濕對所有生命及植物都有破壞性，[它代表]各種髒水。總體而言，它帶來風。雙魚座的前段是溫和的，中段是冷的，末段則有些溫

---

233 ｜拉丁文文本此處是第23度而不是第22度。[羅伯特·漢]

234 ｜拉丁文文本此處是7、16、17及20。[羅伯特·漢]

235 ｜即北落師門（Fomalhaut）。

236 ｜這是天鵝座 α 星天津四（Deneb）——**母雞尾巴**的另一個名字，如 *S.N.* 第195頁所描述。希伯來文文本註腳中有另一個名字 Al-Nadaf，來自其他手稿。

237 ｜因為是短上升星座。[羅伯特·漢補充]這通常是雙魚座的特性。但拉丁文文本說：「但它的肢體是完整的。」顯然，在譯成拉丁文時遺漏了一個「不」字。

暖。它的北部會產生風，南部則會產生水。它具有[[魚]]的形象。

它代表北方的右邊，代表在北方與東方之間的北風。它的[元素]性質是冷和濕，代表人體內不好的黏液質。它代表鹹和清淡的味道，代表的顏色是綠色、白色以及多變的顏色。

雙魚座代表的[生物]是水生動物及所有水中的植物，還代表水晶、珊瑚和縞瑪瑙。

雙魚座代表第二個區域[238]，代表的地區包括示巴之地、塔巴里斯坦（Tabaristan）、戈爾甘（Gurgan）的北部。它也共同主管以上買以及亞歷山大。

它代表的[地方]是猶太教堂、河岸及湖泊。

雙魚座代表的字母是 *mem* (מ) 和 *tsade* (צ)。它代表的年數是12，代表的月數也是12，它代表的天數是30，代表的小時數是12。

他是無聲的，有很多子女。

在雙魚座第一個外觀中升起**飛馬**的一半，**長河**[239]的開端，以及**鯨魚**[240]的尾部。印度占星家認為這個外觀上升起一個身著漂亮衣服的男人，手裡拿著鐵質工具，他正要回家[241]。根據托勒密的說法，這個外觀上升起的是**小熊**尾巴的末端，**第二匹馬**的腹部，以及**第一條魚**的開始。

在雙魚座第二個外觀中升起的有**長河**的一半，以及**跪行之人**[242]的另一半。印度占星家認為這個外觀上升起一個美麗膚白的女人，她坐

---

238 | 第二氣候區。參見前文註釋13。[羅伯特·漢]
239 | 即波江座。
240 | 即鯨魚座。
241 | 《賢者之書》：「在雙魚座的第一個外觀中升起一個男人，他有兩個身體，像正要舉手敬禮。這個外觀代表平和與謙卑、軟弱、許多的旅程、痛苦——如果尋求的是財富的話，以及對[一個人的]生活方式的失望。這就是它的形式。」
　　阿格里帕：「雙魚座的第一個外觀有一個肩負重物的男人，穿著講究。它代表在旅途中，地點的改變，小心地尋求財富和衣服……」[羅伯特·漢]
242 | 此處令人困惑，因為這個形象屬於武仙座，而武仙座甚至都不在這片天空附近。在下文第三個外觀的描述中再次提及這個形象。

在海中的一條船上，希望能夠登上陸地[243]。根據托勒密的說法，這個外觀中升起的形象有**小熊**的尾巴，**坐在椅子上的女人**[244]的手，**沒有丈夫的女人**[245]的肩膀，**與馬連在一起的女人的頭**[246]，以及**第一條魚**的後半部。

雙魚座第三個外觀中升起的形象有**長河**的盡頭，**鱷魚**的末端，以及**跪行之人**的剩餘部分。印度占星家認為這個外觀上升起一個裸體男人，他把腳放在肚子上，手裡拿著一支長矛，他因恐懼強盜和火而大聲叫喊[247]。根據托勒密的說法，這個外觀上升起**小熊**尾巴的末稍，**坐在椅子上的女人**背部的中間部分，**沒有丈夫的女人**的胸部，部分**亞麻繩帶**，以及**蛇**[248]的後部。

出生在雙魚座的人身體直挺，身[材]中等。他膚色白皙，胸膛寬闊，鬍鬚優雅，額頭輪廓清晰，眼黑多於眼白。有些人會失去部分肢體。他喜歡睡覺，貪食，捉摸不定，脾氣暴躁，聰明，狡詐，聲音微弱。

出生在雙魚座第一個外觀的人有俊美的身體和臉龐，胸膛寬闊，手臂下或腿下有胎記。

出生在雙魚座第二個外觀的人身材矮小，英俊，鬍子是黑色的，

---

243 |《賢者之書》：「在雙魚座的第二個外觀中升起一個男人，他轉過身子把頭向下伸，雙腳高高抬起，手裡拿著一個盛著食物的托盤。這個外觀代表回報，對有高度的、繁重及有價值之事物的強烈意願，以及思考。這就是它的形式。」
　　阿格里帕：「……雙魚座的第二個外觀升起一個容貌美麗、服飾華美的女人。它代表欲求，以及將自身置於更高、更大的事物之中……」[羅伯特‧漢]

244 | 即仙后座。

245 | 即仙女座。

246 | 仙女座的頭也是飛馬座——**馬**的一部分。

247 |《賢者之書》：「在雙魚座的第三個外觀中升起一個傷心的男人，他有著邪惡的關於欺騙和背叛的想法；在他前面有一個女人，一頭驢越過她面前升起，她手裡有一隻鳥。這個外觀代表野心，也代表與慾望強烈的女人同床共枕，尋求安靜與平和。這就是它的形式。」
　　阿格里帕：「……雙魚座的第三個外觀升起一個裸體男人，或是個年輕人，在他身旁有個美麗的少女，頭上戴著鮮花。這個形象表示休息、懶惰、快樂、通姦，以及擁抱女人。」[羅伯特‧漢]

248 | 可能指**海怪**，鯨魚座。

多毛，手臂下有胎記。他善於與人競爭。

　　出生在雙魚座第三個外觀的人皮膚發黃，眼睛美麗，[會受]很多疾病[侵擾]。出生在星座末尾的人會自殺。

　　雙魚座代表人身體的腳、腳趾以及與之相關的病症。它代表瘟疫、皮膚病、麻風病。總體而言，雙魚座是代表疾病的星座。

　　雙魚座代表的人物是卑微的人和漁夫。

　　根據埃及人的說法，土星落在其中代表疾病在手臂，木星表示臟腑上部（胃部）的疾病，火星代表腳部疾病，太陽表示疾病在生殖器，金星表示疾病與腿部相關，水星則表示膝蓋疾病，月亮則代表疾病與睾丸有關[249]。

　　木星在雙魚座入廟，金星在27°入旺，水星在15°入陷，[也]入弱。當前23°是木星的最低位置[250]，26°是金星的北交點位置。雙魚座的三分性主星在日間是金星，接著是火星；夜間正相反。日間與夜間的共同主星是月亮。

　　根據埃及人以及巴比倫人的說法，雙魚座第一個外觀[的主星是]土星，第二個的主星是木星，第三個的主星是火星。而印度占星家認為，第一個[外觀的主星是]木星，第二個是月亮，第三個是火星。

　　以下是埃及人以及[其他]占星家們關於界的說法：12度[分配給]金星，4度給木星，3度給水星，9度給火星，2度給土星。根據托勒密的說法，8度給金星界，6度給木星，6度給水星，5度給火星，5度給土星。

　　第一個九分部[的主星]是月亮，第二個是太陽，第三個是水星，第四個是金星，第五個是火星，第六個是木星，第七及第八個是

249｜根據這個行星主管系統的邏輯，月亮應該主管大腿疾病而非睾丸疾病。
250｜這是關於至低點的數值。參見前文註解31。

土星，第九個是木星。

第一個十二分部[的主星]是木星，第二個是火星，第三個是金星，第四個是水星，第五個是月亮，第六個是太陽，第七個是水星，第八個是金星，第九個是火星，第十個是木星，第十一及第十二個是土星。

雙魚座由頭到尾前6個度數是光亮度數[251]，接著6度是混合度數，再4度是光亮度數，接著3度是空白度數，再3度是光亮度數，最後2度為混合度數。

星座由頭到尾前10度是陽性度數，接著10度是陰性的，再3度是陽性的，3度是陰性的，最後2度是陽性度數[252]。

行星的缺陷度數是第4度、第9度、第24度、第27度和第28度。賦予恩典和榮耀的度數是18和20[253]。

雙魚座的超級恒星有當前在18°的**馬的肩膀**[254]，它位於黃緯北緯31°，是二等星，[其性質類似]火星與水星的結合。

超級[恒]星 當我提及的這些超級恒星出現在一個人本命盤中的上升度數[255]，或與第十宮宮始點——中天度數一致[256]，或與日間盤的太陽、夜間盤的月亮度數一致，又或與被稱為好運點的月亮點[257]會合

---

251 | 拉丁文文本此處是6度煙霧度數。[羅伯特·漢]

252 | 這裡加起來不到30度。拉丁文文本此處是10度陽性的，10度陰性的，3度陽性的，5度陰性的，2度陽性的，加起來正好30度。[羅伯特·漢]

253 | 拉丁文文本此處是13和28。[羅伯特·漢]

254 | 即室宿一（Markab），飛馬座 α 星。

255 | 「在上升度數」這個短語提出了一個問題：是恒星星體必須位於地平線，還是與上升點的黃經度數一致即可。分別以這兩種方式去判斷恒星的位置，可能因恆星所處黃緯緯度的不同而導致非常不同的結果。這裡的措辭支持後一種運用。[羅伯特·漢]

256 | 這裡清楚而明確地表明，伊本·伊茲拉使用了一種現代形式的象限宮位制系統，即以上升點作為第一宮宮始點，以中天作為第十宮宮始點。[羅伯特·漢]

257 | 也稱幸運點。[羅伯特·漢]

時，那麼這個人會達到他的前輩們無法企及且任何人也無法想像的高度。但是古人們也一致認為，這個人將會面臨不幸的結局，尤其當這顆[恒星]兼具凶星的性質時。

現在我來詳述黃道上的恒星，以及黃道以北和以南天文星座中恒星的性質。

古人認為，位於**公羊**口中的恒星具有水星以及一些土星的性質。它腿上的恒星具有火星的性質。它尾部的恒星則具有金星的性質。

公牛被截斷處的恒星具有金星以及一些木星的性質。昴星團[的性質類似]火星與月亮的結合。**公牛**頭上的恒星具有土星以及一些水星的性質；在這些恆星中有重要恆星**牛眼**，即畢宿五，它僅具有火星的性質。**公牛**角上的那些恒星也具有火星的性質。

[位於]**雙生子**腳上[的恒星]具有水星以及一些金星的性質。那些位於**雙生子**睾丸部位的恒星具有土星的性質。**雙生子**頭上有兩顆明亮的恒星，在第一個[人]頭上的恒星具有水星的性質，第二個人頭上的恒星則具有火星的性質。

位於**螃蟹**足部的恒星具有水星以及一些火星的性質。在它尾部的那些恒星[性質類似]土星與水星的結合。它腹部的**雲狀恒星**，[其性質類似]火星與月亮的結合。<靠在它背部被稱為**英雄們**[258]的那些恒星，則具有火星和太陽的性質。>[259]

獅子頭上的恒星具有土星以及一些火星的性質。在它頸部的那些恒星具有土星以及一些水星的性質。被稱為**獅子之心**的明亮恒星[性質類似]土星與火星的結合。它腰部的恒星具有金星的性質。在它睾

---

258 ｜希伯來文文本此處用詞是 *gibborim*（גבורים），即「英雄們」之意。但我認為，它更像是 *dvorim*（דבורים）一詞的變體，這個詞意思是「蜂群」，這與巨蟹座的蜂巢星團更相應。

259 ｜<>中的內容是拉丁文文本及利維-坎特拉的譯本中缺失的內容。

丸部位的那些恒星則具有金星以及一些水星的性質。

　　在**室女**頭的上方，位於她的右翼頂端的那些恒星具有水星以及一些火星的性質。在她臀部的恒星具有金星的性質，而在左翼的恒星[性質類似]土星與水星的結合。被稱為 *Simak Al-Azel*[260] 的恒星具有金星以及一些水星的性質。在她腳部的那些恒星具有水星以及一些火星的性質。

　　天平上的兩顆恒星[性質類似]木星與水星的結合。

　　蠍子角上的恒星具有土星以及一些水星和火星的性質。**蠍子**背部的那些明亮恒星具有火星以及一些土星的性質。**蠍子之心**具有火星以及一些木星的性質。在它尾巴位置的那些恒星具有土星以及一些金星的性質。星座中的那些雲狀恒星[性質類似]火星與月亮的結合，在其邊緣的那些雲狀[恒星][性質類似]水星與月亮的結合。

　　弓箭手背上的恒星有木星和一些水星的性質。馬腿上的恒星[性質類似]木星與土星的結合。在它尾巴上的恒星則具有金星以及一些土星的性質。

　　山羊嘴裡的恒星具有火星和一些金星的性質。在它腹部的那些恒星[性質類似]火星與水星的結合。在它尾巴上的那些恒星則[性質類似]土星與水星的結合。

　　持水桶者肩頭及左臂上的恒星[性質類似]土星與水星的結合。在他鼻尖上的那些恒星具有水星和一些土星的性質。水流上的恒星則具有土星以及一些木星的性質。

　　雙魚頭上的[那些恒星]具有水星以及一些土星的性質。在它腹部的[那些]恒星[性質類似]木星與水星的結合。在它尾巴位置的那些

---

260 ｜ 即角宿一。[羅伯特・漢]

恒星具有土星以及一些水星的性質。那些在它腹部北側的恒星具有木星以及一些金星的性質。而在**雙魚**末端的那些恒星則具有火星以及一些水星的性質。

　　黃道以北的恒星 **小熊**中的明亮恒星具有土星以及一些金星的性質。

　　大熊中的恒星，即***阿什***和她的孩子們[261]，[其性質類似]月亮與金星的結合。

　　龍中的那些明亮恒星[性質類似]土星與火星的結合。

　　持火把者（仙王座）中的恒星[性質類似]木星與土星的結合。

　　佩戴盔甲的英雄（牧夫座）長矛上的那些恒星[性質類似]土星與水星的結合。

　　北方皇冠中的明亮恒星[性質類似]金星與水星的結合。

　　跪行之人（武仙座）具有水星的性質。

　　降落的鷹（天琴座）中的明亮恒星[性質類似]金星與水星的結合。

　　被稱為**母雞**（天鵝座）的明亮恆星，以及**坐在椅子上的女人**（仙后座）中的那些恒星，[性質類似]金星與土星的結合。

　　持惡魔頭顱之騎士（英仙座）中的恒星[性質類似]木星與土星的結合。在他劍上的那些恒星[性質類似]火星與水星的結合。

　　被稱為Ayyuk（五車二）的明亮恒星[性質類似]火星與水星的結合。

　　持動物之人（蛇夫座）中的恒星具有土星以及一些金星的性質。那些在他背上的恒星[性質類似]土星與火星的結合。

---

261 ｜ 阿什在前文中已被確認為小熊座。這裡大熊座和小熊座似乎混淆在一起了。

飛鷹（天鷹座）[性質類似]木星與火星的結合。

海豚的恒星[性質類似]土星與火星的結合。

弓箭手中的明亮恒星[性質類似]火星與水星的結合。

沒有丈夫的女人（仙女座）中的那些恒星具有金星的性質。三角形中的那些恒星則具有水星的性質。

黃道以南的恒星　南魚嘴中的明亮恒星[性質類似]金星與水星的結合。

與太陽在一起[262]的恒星具有土星的性質。在**英雄**肩膀上的恒星[性質類似]火星與水星的結合。

其他的明亮恒星[263][性質類似]土星與木星的結合。

長河中的明亮恒星[性質類似]土星與木星的結合。

野兔中的恒星[性質類似]木星與火星的結合。

在**後面的犬**（大犬座）周圍的恒星[性質類似]金星與水星的結合。

在**狗**嘴中的恒星*Al-Sha'are al-Yamania*（天狼星）具有木星以及一些火星的性質。

勇士（獵戶座）中的恒星[具有]土星和金星的性質。

船中的恒星具有土星和火星的性質。

被稱為*Ksil*的明亮恒星具有木星和土星的性質。

兩顆暗恒星[性質類似]金星和水星的結合。

馬[264]形象中的那些恒星[性質類似]金星和木星的結合。

在脖頸上的那些明亮恒星具有金星以及一些火星的性質。

---

262 | 這裡的表述說不通，很可能是文本錯誤。[羅伯特·漢補充]拉丁文文本用詞是 *pectore*，意思是「胸部」或「乳房」，而不是指太陽。

263 | 沒有具體指出星座名稱。[羅伯特·漢補充]這些看上去都是南魚座的恒星。

264 | 不確定是哪一個天文星座。可能是半人馬座。

南方皇冠中的恒星具有水星的性質。

豺狗（豺狼座）中的恒星[性質類似]土星和水星的結合。**香爐**中的恒星具有木星以及一些水星的性質。

以上就是古人們觀察到的恒星。

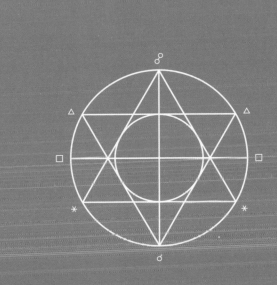

智慧的開端

第三章[1]

---

1 | 原文此處沒有標題。[羅伯特·漢]

　　第三章闡述了大圈上以度數計算的相位，其中的友好相位和敵意相位，大圈的象限和十二個宮位，以及它們在任何[給定]時刻所代表的意涵。

　　相位有四種，即六分相、四分相、三分相以及對分相。[形成]相位的星座有七個——第三、第四、第五、第七、第九、第十和第十一個星座。與第三和第十一個星座形成的相位是六分相；與第四和第十個星座形成的相位是四分相；與第五和第九個星座形成的相位是三分相；與第七個星座形成的相位是對分相。

　　與第二、第四和第五個星座形成的相位是北方（左旋）相位；與第九、第十和第十一個星座形成的相位是南方（右旋）相位。

　　六分相是大圈的六分之一，即60度。四分相是大圈的四分之一，即90度。三分相是大圈的三分之一，即120度。對分相是大圈的二分之一，即180度。舉例而言，如果上升點位於牡羊座的初始位置，那麼它的北方（左旋）六分相位於雙子座初度，而南方（右旋）六分相則位於水瓶座初度；它的北方（左旋）四分相位於巨蟹座初度，而南方（右旋）四分相則位於摩羯座初度；它的北方（左旋）三分相位于獅子座初度，而南方（右旋）三分相則位於射手座初度；它的對分相位於天秤座初始位置。

　　最有力的相位是對分相，四分相次之，接著是三分相，最弱的相位是六分相。對分相是完全的敵意相位，四分相是半敵意相位。三分相是完全的友好相位，六分相則是半友好相位。

　　既沒有相位也[不屬於相同元素]性質的星座有四個——第二、第六、第八和第十二個星座。其中最弱的是第六和第十二個星座。有一些星座之間因相位產生敵意，但也會因另一種聯繫——相同的赤經上升[時間]，或相同的力量，或因黃道位置——而產生友誼。

赤經上升[時間]相同的星座是牡羊座和雙魚座,處女座和天秤座,金牛座和水瓶座,獅子座和天蠍座,雙子座和摩羯座,以及巨蟹座和射手座[2]。

扭曲的[日光]小時相等的星座擁有相同力量,它們是巨蟹座和雙子座,金牛座和獅子座,牡羊座和處女座,雙魚座和天秤座,水瓶座和天蠍座,摩羯座和射手座[3]。

當一顆行星位於平直的[日光時]星座時被稱為主人(命令者),而當它位於與之相對度數的扭曲星座中時被稱為奴隸(服從者)[4]。

黃道上任何兩個由同一廟主星主管的星座[之間]都存在著[相位式的關聯]。例如[同屬於]火星主管的牡羊座與天蠍座,[同屬於]金星主管的金牛座與天秤座,[同屬於]水星主管的雙子座與處女座,[同屬於]木星主管的射手座與雙魚座,[同屬於]土星主管的摩羯座與水瓶座。儘管月亮和太陽都[僅]有一個廟宮星座,但因為它們是統治者[5],所以它們的廟宮也被認為屬於同一個主管者[6]。

牡羊座和天秤座,摩羯座和巨蟹座,處女座和雙魚座,等等,儘管具有相同的活躍性,但它們之間因為呈對分相而有敵意。

---

2 | 這些是托勒密的命令和服從星座(Commanding and Obeying signs),也稱反映點(contra-antiscia)星座,換句話說,星座彼此之間的黃道度數是反平行的(譯註:即兩個星座黃道度數相加等於360度)。參見托勒密,第一冊,第十五章。[羅伯特·漢]

3 | 這些星座可以互相「看見」對方,也被稱為「相等」(equipollent)星座,因為當太陽在每一組的兩個星座內時,白天時間都相等。參見托勒密,第一冊,第十六章。[羅伯特·漢]

4 | 這一段是針對由此往上數第二段而言的,而不是針對上一段的。[羅伯特·漢](譯註:對照第二章十二星座日光時的內容,此段所說平直的星座為日光時比均等小時長的星座,即牡羊座到處女座;而扭曲的星座為日光時比均等小時短的星座,即天秤座到雙魚座。所以註解4才說它是針對上數第二段的。)

5 | 或許是指它們分別是白天和夜晚的主宰者,以區別於被稱為隨從或臣子的其他行星。

6 | 這是一個有趣的概念,我在其他地方沒有見過這種描述。根據這部分內容的上下文判斷,可能是指:儘管巨蟹座和獅子座沒有相位關係,它們彼此之間仍被認為是有關聯的,因為它們的主星都是發光體。[羅伯特·漢補充]同主星座之間的相位關係這一概念,也出現在保羅的著作中(以及其他地方),在那裡它被稱為homozōnia,或「像帶子一樣圍繞的」(like-engirding)。參見亞歷山大的保羅,第十三章。

大圈每時每刻都可被切分為四個部分。從中天至上升點的象限是東方的，陽性的，向前進，對應的是四元素中的風元素[7]。它代表人體[體液]中的血液質，一年中炎熱的季節，以及白晝和夜晚四個部分中的第一部分。它對應人生的童年時期，代表的顏色是白色。

從中天延伸至下降點的象限代表南方，如同陰性一般虛弱，它的行為是向後退的[8]。它對應四元素中的火元素，代表夏季，以及白晝和夜晚四個部分中的第二部分。它代表人體[體液]中的紅膽汁[9]。它對應人生的青少年時期，代表的顏色是紅色。

從下降點至下中天的象限代表西方，是陽性的，向前進的。它對應[四]元素中的土元素，代表冬天[10]，以及白晝和夜晚四個部分中的第三部分。它代表人體[體液]中的黑膽汁。它對應人[生命]中的50歲左右，代表的顏色是黑色。

從下中天至上升點的象限代表北方，是陰性的，向後退的。它對應[四]元素中的水元素，代表寒冷的季節，以及白晝和夜晚四個部分中的最後部分。它代表人體[體液]中的冷與黏液質的混合。它對應人生的老年期，代表的顏色是綠色。

大圈中地平線以上的部分，即自上升點至下降點，被稱為右[側]（右旋，南方），地平線以下的部分則稱為左側（左旋，北方）。兩個陽性象限都是右側象限，而兩個陰性象限都是左側象限[11]。自中天至

---

7 │ 這裡與托勒密的說法不同。托勒密認為上升點的性質是乾的，而中天的性質是熱的，這個象限便是從乾趨向熱。然而，這裡的說法更符合週期性關係中的元素屬性和實料。[羅伯特·漢]

8 │ 這個屬性表述得不清晰，但顯然意味著一些負面的含義。[羅伯特·漢補充]以下是另一種可能的解讀：在陽性象限中的任一點跟隨周日運動會遠離地平線，而陰性象限中的點則會隨周日運動被帶回地平線。

9 │ 通常稱為黃膽汁。[羅伯特·漢]

10 │ 此處以及在星座一章中提及的其他類似表述，暗示希伯來文詞彙的冬天並不符合我們的季節順序，而是對應我們的秋天。希伯來文本中每一處出現冬天的地方，拉丁文文本中也都是秋天。[羅伯特·漢]

11 │ 當一個人先向東看，去觀察他前方哪個象限在他右邊，哪個在左邊，之後他再轉身向西看，做同樣的事，他看到的就是這個結果。

上升點和自上升點至下中天的兩個象限被稱為上升半球，而自下中天至下降點及自下降點至中天的另一半被稱為下降半球。

　　每個時刻，大圈都被分成十二個部分，與星座的數目對應，它們被稱為宮位。其中[每]四個宮位以相同的名稱命名，[其中]第一宮、第四宮、第七宮及第十宮被稱為「極點」（Poles）[12]，因為它們就像＜尖端＞（points）[13]一樣。第二宮、第五宮、第八宮及第十一宮被稱為「與極點相鄰的」[14]（adjacent to the poles）。第三宮、第六宮、第九宮及第十二宮被稱為「衰弱的」[15]（weak）。極點比相鄰的宮位有力，而與極點相鄰的宮位又比衰弱的宮位有力。極點中第一宮和第十宮最強，與極點相鄰的[宮位]中第五宮和第十一宮最強，衰弱的[宮位]中最強的是第三宮和第九宮。

　　每個時刻大圈中的宮位都與四元素相對應。以極點為例：當星盤的上升星座是牡羊座時，它是火元素；[我們會發現]中天是摩羯座，是土元素；下降點在天秤座，是風元素；下中天是巨蟹座，是水元素。與極點相鄰的宮位及衰弱的宮位情況也是如此。

　　十二宮位在本命盤、卜卦盤、擇時盤以及對整體世界的判斷中都是基礎。

　　第一宮是從東方[地平]線的開始升起的第一個宮位。它代表生命、身體、言語、心智、多產（生育力）、所有行動的開始，以及一個人頭腦中的想法。第一宮代表人生的開始階段。其第一個三分性主

12 ｜不出所料，拉丁文本此處是「始宮」。[羅伯特・漢]
13 ｜出自另一份不同文本。
14 ｜拉丁文本此處是「接續始宮的宮位」。[羅伯特・漢]
15 ｜拉丁文本此處是「自始宮下降的宮位」。[羅伯特・漢]

星（the first ruler of the triplicity）[16]代表生命、新生兒的性格，或代表詢問者、他的欲求，以及他在生命之初將遭遇的無論好或壞的一切。第二個三分性主星代表身體和[它具有的]力量，以及[一個人]生命的中間階段。第三個三分性主星，[即]共同主星，與[其他兩個]主星混合在一起，共同代表生命[[的結束]][17]。

第二宮代表金錢和財產、交易、食物、命主的助手、服從命主命令的人、證人[18]、鑰匙和寶藏。第一個三分性主星代表一個人早年的金錢狀況；第二個主星代表中年階段[這方面的狀況]；第三個[主星代表生命]最後階段的[金錢狀況][19]。

第三宮代表兄弟、姐妹、親戚及姻親、知識、《妥拉》（Torah）的知識和法律、夢[的解釋]、謙虛、建議、信仰、書信和謠言，以及短途旅行。第一個三分性主星代表手足中的年長者們；第二個[主星代表]位於中間的手足們；第三個[主星代表]年紀輕的手足們[20]。

第四宮代表父親、土地、房屋和田地、區域、建築、隱藏的寶藏

---

16 | 此處文本可以理解為「第一組三方星座的主星」（the ruler of the first triplicity），後文同樣可理解為「第二組三方星座的主星」和「第三組三方星座的主星」。而當我們討論宮位的時候，通常指宮始點所在星座，因此這就說不通了。我把它改成了「三分性主星中的第一個主星」等等，因為在許多其他占星文獻中，這也是評估一個星座/宮位狀況的常用方法。另一個事實可以佐證這樣重新措辭是有道理的，即下文各節關於其他宮位的文本內容與此並不一致，而是採用了我的方式。因此，我在十二個宮位的描述中都採用這種措辭表述。

17 | 這種每一個三分性主星代表同一宮位的不同屬性的體系在卡畢希的文獻中也有發現，其可溯源至一個叫安達爾札嘎的人。波那提也曾提及這些內容，即便事實上他的來源不是卡畢希，但也同樣可追溯至卡畢希。對於本部分每個宮位的描述，我都會引用卡畢希的版本的相同內容進行比較。[由編輯譯自卡畢希文獻的拉丁文版本，羅伯特·漢]「安達爾札嘎在《論本命》（On the Nativity）一書中說，第一個三分性主星首先代表命主或提問者的生命和本性，他的快樂和欲望，他所愛和所憎，以及在他早期階段遭遇的好事或壞事。第二個三分性主星代表生命和身體，精力和力量，以及生命的中間階段。第三個三分性主星代表它的同伴[另外兩個三分性主星]所代表的，以及生命的最後階段直至死亡。」

18 | 拉丁文文本也有「那些作證的人」。[羅伯特·漢]

19 | 引自卡畢希：「安達爾札嘎談論物質宮位的主星，即，第一、第二和第三個三分性主星。看它們中的哪一個在本質和位置上更強。你要用這顆主星作為物質的來源和代表因子，當它落在中天時，命主會從國王那裡得到財富；如果它落在代表信仰或信任的宮位時，情況會更好。相似地，第一個三分性主星代表人生早期的物質來源，第二個主星代表中間階段，第三個主星則代表最後階段的物質來源」。[羅伯特·漢]

20 | 引自卡畢希：「安達爾札嘎說手足宮位的第一個三分性主星代表年長的兄弟們，第二個代表年齡介於中間的兄弟們，第三個代表弟弟們。其尊貴和狀態根據它們所在的位置而定。」[羅伯特·漢]

和事物，以及任何事情的結束。第一個三分性主星代表父親，第二個[主星代表]土地，第三個[主星代表]所有事情的結束[21]。

第五宮代表兒子（孩子）、賭博[22]、食物、酒、[精美]的衣服、快樂、禮物、使者、莊稼以及父親的財富[23]。第一個三分性主星代表孩子、祖先[的財產][24]；第二個代表快樂；第三個代表使者[25]。

第六宮代表慢性疾病、奴隸和女傭、小動物、監獄、謊言和誹謗。第一個三分性主星代表疾病和缺陷；第二個代表奴隸；第三個代表他們是有用還是有害的[26]。

第七宮代表女人[27]、性交、糾紛、戰爭、常規審判、強盜[28]、合作和爭鬥。第一個三分性主星象徵女人；第二個代表戰爭；第三個[代表]合作夥伴[29]。

第八宮代表死亡、繼承、貸款、分離、恐懼、悲傷和損失。第一個三分性主星代表死亡；第二個[代表]一切古老的事物[30]；第三個[代表]繼承[31]。

---

21 | 引自卡畢希：「安達爾札嘎說父親宮的第一個三分性主星代表父親，第二個代表城市和土地，第三個代表事情的結束和監獄。」[羅伯特·漢]

22 | 希伯來詞文 *mazal*（מזל）是一個占星學的星座，但也有「運氣」之意，也用作骰子遊戲的名稱（משחקי מזל），因此譯作「賭博」，這也是第五宮的屬性。

23 | 因第五宮是第四宮的第二宮。

24 | 這裡補充了「財產」一詞，因為這是第四宮的第二宮，即祖先的財產。但希伯來文文本確實缺失了「財產」這個詞。拉丁文文本則遺漏了整個事項。

25 | 引自卡畢希：「安達爾札嘎說子女宮的第一個三分性主星代表孩子和生活，第二個代表歡樂，第三個代表使館。」[羅伯特·漢]

26 | 引自卡畢希：「安達爾札嘎說疾病宮的第一個三分性主星代表疾病，以及因疾病、惡劣的環境和創傷導致的不健康狀況；第二個三分性主星代表家僕和一般的僕人；第三個主星代表因這些事、他們的用處和工作而發生的情況……」[羅伯特·漢]

27 | 顯然這來自男人的視角。[羅伯特·漢]

28 | 對於第七宮通常的代表意義來說，這似乎有點不相稱。但在卜卦占星中，這個宮位代表被詢問的他人，因此在關於搶劫案的卜卦案例中，這個宮位就會代表實施搶劫的人。

29 | 引自卡畢希：「安達爾札嘎說第七宮的第一個三分性主星代表妻子，第二個代表爭辯，第三個代表融合和分享。」[羅伯特·漢]

30 | 這是第八宮的一個未知屬性。

31 | 引自卡畢希：「安達爾札嘎說死亡宮的第一個三分性主星代表死亡；第二個代表戒律和老舊的事物；第三個主星代表Almaverith，即那些從死者那裡繼承下來的東西。」[羅伯特·漢]

　　第九宮代表旅行和遙遠的路途、每個遠離高位的人[32]、哲學、宗教、對上帝的敬拜、使者[33]、謠言、夢、誓言、占卜、律法以及審判。第一個三分性主星代表旅行；第二個[代表]信仰；第三個代表智慧（教育）[34]。

　　第十宮代表母親、政府（權威）、聲譽和所有職業。第一個三分性主星代表母親；第二個代表命主的等級；第三個代表命主的職業[35]。

　　第十一宮 代表榮耀和恩典、好名聲、希望、朋友和同伴、國王的大臣、財產和服飾保管者。第一個三分性主星代表充滿希望的想法；第二個代表朋友；第三個代表他們對命主是好還是壞[36]。

　　第十二宮 代表悲傷、貧窮、嫉妒、仇恨、恐懼、欺詐、警戒、監禁、關押、所有的恥辱和苦難、[用來騎或拉車]的動物。第一個三分性主星代表悲傷；第二個[代表]監禁；第三個[代表]敵人[37]。

---

32 | 這是一個關於第九宮的非常有趣的意涵，即它事實上是果宮——極點通過周日運動，從強有力的始宮第十宮落下，因而它是虛弱的。因此，當第十宮的主星落在第九宮，可以解讀為被除權力，或者從管理工作中退休，以便去學校教書或隱退入宗教生活。

33 | 這是關於第九宮的另一個非典型屬性，與第五宮的「使者」類似，也可以代表「外交官」、「大使」等。第五宮和第九宮都是與上升位置形成吉相位的最遠位置，因此他們可以在遙遠的地方代表命主本人。

34 | 引自卡畢希：「安達爾札嘎說旅行宮的第一個三分性主星代表旅行及其間發生的一切；第二個主星代表信仰和宗教；第三個主星代表智慧、夢、星辰和預兆，以及實踐這些學科之人的真理和謬誤。」

35 | 引自卡畢希：「安達爾札嘎說王權宮的第一個三分性主星代表工作和高等級，即提升地位和最高級別的住所；第二個[代表]在高級別或統治地位上發出的命令和表現出的膽魄；第三個代表其穩定性和持久性。」[羅伯特‧漢]

36 | 引自卡畢希：「安達爾札嘎說信任宮的第一個三分性主星代表信任；第二個[代表]朋友；第三個代表這些的有用性和收益。」[羅伯特‧漢]

37 | 引自卡畢希：「安達爾札嘎說敵人宮的第一個三分性主星代表敵人；第二個代表工人；第三個主星代表野獸和牲口。」[羅伯特‧漢]

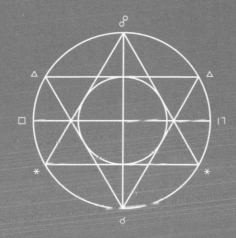

智慧的開端

第四章[1]

｜ 原文中此處沒有標題。[羅伯特·漢]

第四章[論述了]七顆行星的自然屬性、影響力及其所代表的意義。我將從土星開始論述，因為他在七顆行星中位置最高，他位於地球之上的第七層天球。

土星是冷和乾的，其性質是邪惡和有害的。他代表破壞、毀滅、死亡、悲傷、哀悼、悲痛、哭泣和所有古老的事物。在人類精神中他代表思想的力量。他代表地球的第一個區域[2]，即印度。他代表的民族有黑人、猶太人、柏柏爾人（Berbers，譯註：生活在非洲西部和北部的古老民族）；他通常代表所有老人，也代表農民、建造工匠、製革人、那些清潔廁所的人、奴隸、下等人、強盜、挖溝渠者和掘墓人，以及殯葬業者。

他代表的地球礦物是黑色的鉛、生鏽的鐵、黑色的石頭、藍黑相間的石頭、磁石以及所有沉重的黑色岩石。

他代表的地球上[的地方]包括洞穴、水井、坑、監獄、每一處陰暗的無人居住的地方，以及墓地。

[他代表]的動物有大象、駱駝，以及又大又醜的動物，如豬、狼、猴子、黑狗和黑貓。他代表的鳥有長脖子的大鳥，如鴕鳥、鷹和禿鷲，有奇怪聲音的鳥，烏鴉、蝙蝠以及有黑色外觀的鳥。在爬行動物中，他[代表]跳蚤、蟲子、蒼蠅、老鼠，以及地球上所有有害的、骯髒的、在地裡蠕動爬行的生物。

他代表的植物有五倍子樹、角豆樹、橡果樹、荊棘和一切長有破壞性的刺且不結果實的樹，還有扁豆和小米[3]。

[他代表]的藥用[植物有]叫做蘆薈的仙人掌，「*al-hilag*」「*al-*

---

2 | 還是指氣候區。參見第二章註解13。[羅伯特·漢]
3 | 拉丁文文本此處是 *panicum*，即黍。[羅伯特·漢]

blilag」和「*al-malag*」——這些植物與來自印度的「*prunash*」近似，所有有毒的植物，苦澀的植物——如「*la'ana*」，以及一般而言的黑色的植物（譯註：以上所有英文均應梅拉·埃普斯坦老師要求而保留原文不翻譯，下文亦同）。

土星的性質是冷和乾，他代表的味道是澀、所有令人生厭的味道和腐敗的氣味。

在香料中，土星代表「*al-kasat*」，即「*kidda*」，以及[來自]一種樹皮的「*kashur al-azar*」，還有「*aslika*」和「*al-ma'a*」，後者是一種樹膠。

土星代表的衣服是斗篷、羊毛服裝、毯子以及所有沉重的衣服。

在人的本性中，土星代表沉思、寡言、精明狡猾、與人們疏離、控制人們並贏得勝利。他也代表徵稅、憤怒、信守諾言、深思熟慮、神秘的知識和敬拜上帝。他還代表下等人、乖張、恐懼、憂慮、覬覦，以及習慣性地撒謊——用處不大卻造成很大的破壞。

[土星代表]耕作土地、建造、開採金屬、尋找隱藏的寶藏、挖掘和檢查死者的東西，以及所有可以持續多年的東西。

他代表的職業是那種使人精疲力盡卻報酬甚少的工作，所有低等的工作，如採石、清理溝渠，以及所有污穢的工作。

土星代表父親和祖父，以及故去的人。他代表哭泣、分離、流浪、貧窮、屈辱、潛藏危機的遙遠路途。他不會為任何工作帶來成功。

如果土星主管著本命盤，他會呈現他所有的有利之處，只要他那時處於相對太陽有利的一邊，並且處於大圈中的[吉]宮，這些我稍後會解釋；如果情況相反，那他會帶來一切令人厭惡的事物。

如果[土星]位於其至高度數且與吉星混合（mix with），而這個吉星也位於其至高位置時，那麼土星所代表的一切會變得有益；但如

果這顆吉星位於其最低位置，則益處就不大了[4]。如果一顆凶星[與土星]混合且二者都有力量[5]，代表最大的勝利和掠奪。如果那顆凶星沒有力量[6]，就會產生伴隨著恥辱和羞愧的一切庸俗與低劣的東西。這些內容我會在《本命之書》（*Book of Nativities*）[7]中進行闡述。

如果一個男人的形象僅僅由土星[主管]，則他的身材挺直，膚色介於白與黑之間；他是謙遜、高貴而強大的；他的頭髮是黑色而捲曲的，胸前有毛，眼睛中等[大小]並且寒冷而濕潤。所有這些徵象會出現在土星相對太陽東出時[8]，稍後我會解釋。如果土星是西入的，則他會很瘦，頭髮不捲曲，他的體質又冷又乾。總體而言，他代表一個外表醜陋的人，身體毛髮濃密，鼻孔粗大，嘴唇和牙齒很厚，整個人氣味難聞。

土星代表人身體裡的骨骼、脾臟、右耳、儲存尿液的地方（膀胱），以及紅膽汁[9]。他代表的疾病有精神錯亂、衰老、震顫、瘟疫、

---

4 | 不清楚此處的「至高位置」是僅指行星在均輪上的至高位置，還是將行星在本輪上的至高位置也考慮在內。後來的權威意見傾向於將二者結合作為判斷行星高度的兩個因素。參見第二章，註解31。

5 | 即他們都有尊貴力量。[羅伯特·漢]

6 | 即沒有尊貴力量。[羅伯特·漢]

7 | 伊本·伊茲拉的《本命之書》也是本系列叢書之一。[羅伯特·漢]

8 | 術語「東出」和「西入」在占星學歷史上造成了很多困難。我不打算在此解決所有這些困難，但確實需要提請大家注意，這些詞語在使用時的最獨特之處是什麼。當一顆行星是東出的且靠近太陽升起時，它不是在太陽的**東方**，而是在太陽的**西方**！相反，**太陽**在這顆行星的**東方**。「西入」的問題也是如此，太陽其實是在行星的西方，而不是行星在太陽的西方。（參見約瑟夫·克蘭 [Joseph Crane] 的著作《古典占星實踐指南》[*A Practical Guide to Traditional Astrology*]第六章，阿羅漢出版社出版。）問題之所以出現，是因為在幾種古典語言，尤其是希臘文和拉丁文中，「東方」和「西方」的詞源分別是「升起」(rising) 和「沉落」(setting)，就像「太陽在東方升起，在西方沉落」。因此，這兩組詞語的意思出現了混淆。雖然理解日出和日落沒什麼困難，但在行星偕日升降（heliacal risings and settings）時使用這些詞就有問題了。而對於一顆早晨先於太陽升起的行星來說，它必須在太陽之前，即在太陽以西。同樣，對於一顆黃昏在太陽之後西沉的行星而言，它必須落後於太陽，即在太陽以東。在其他語言，如希伯來文中，這種混淆變得更加嚴重。因為伊本·伊茲拉等作者使用希伯來文表示「東方」和「西方」的地方，我們會使用「升起」（偕日升）和「沉落」（偕日降）的拉丁文衍生詞——東出和西入。

在英文文本及拉丁文文本中，這個問題因一些短語的使用不當而變得更加複雜，例如「太陽的東出」(oriental of the Sun) 或「太陽的西入」，實際上應是「相對於太陽升起」(rising with respect to the Sun) 或「相對於太陽沉落」。在文本中，我們按慣例仍使用了「太陽的東出」和「太陽的西入」的表述（譯註：中譯本不使用），但讀者應該明瞭這些短語的確切含義。[羅伯特·漢]

9 | 通常土星歸屬于黑膽汁。[羅伯特·漢]

出血症、麻風病、腿疾、所有慢性疾病，以及因寒冷和乾燥導致的各種疾病。

　　在人的一生中，土星代表老年以及[生命]的終結。在[地理]方位上，他代表東方。土星代表的顏色是黑色和塵土的顏色。他主管的白天是星期六，主管的夜晚是星期三[白天之前]的夜晚，且他主管它們的第一和第八個[行星]時。土星代表的字母是 *shin, ayin* 和 *peh* (ם, ע, ש)[10]，有人認為還有 *nun* (נ)。這兩個都是
土星的代表符號[見圖][11]。土星的最大年是256，大年是56，中年是43½，小年是30。土星在法達運程法（fardar[12]）中掌管11年。土星星體的影響範圍[13]是前後各9度。

　　木星在土星之下，位於地球之上的第六層天球。他的性質是溫暖、潮濕與溫和的。他是最好的行星，代表生命、增加的善行、豐收、增值、正義和誠實。木星代表生魂（vegetative soul）。他代表地球的第二個區域[14]，即也門或示巴之地，*al-Haziz*——亞述，以及梅沙（*Meisha*）。他[主管的]民族有波斯人和巴比倫人。他代表法官、學者，侍奉上帝之人、謙卑之人、虔誠之人、慷慨及正義之人。他代表的地球礦物是被稱為「*tutia*」的錫、被稱為「*yakut*」的石頭、白色的礦物、橙黃色的礦物、藍寶石、縞瑪瑙、水晶，以及任何潔白閃亮

---

10 ｜ 括弧中的希伯來字母是按照正常希伯來文的書寫順序從右至左寫的，而它們對應的英文字母則是從左至右寫的。文本中其他地方也是如此，在此提醒讀者注意。[羅伯特·漢]

11 ｜ 此處展示的土星及其他行星的代表符號，實際上均出自本書翻譯的基礎手稿。讀者會注意到，它們與目前使用的行星符號並不相似。[羅伯特·漢]

12 ｜ 也寫作 firdar 或 alfridary。[羅伯特·漢]

13 ｜ 指土星光線的容許度。[羅伯特·漢]

14 ｜ 參見第二章關於氣候區的註解13。[羅伯特·漢]

的有用的石頭。木星代表祈禱者的房子和敬拜上帝之所，以及潔淨之地。他代表有裂蹄的動物，如綿羊和鹿，以及那些看起來令人愉悅且幾乎無害的動物。[他代表]的鳥有孔雀、雞和鴿子，以及任何以種子為食且對人有用的鳥。在地上的[爬行生物]中，他代表一切有用且無害的生物，如蠶。木星代表的樹木是胡桃樹、扁桃樹，代表的果實是開心果、「*bandak*」、松子，以及一般而言任何可以剝去外殼食用內核的[果實]。他代表小麥、大麥、豌豆和稻米。他代表一種叫「*al-bahar*」的花、茉莉花、「*al-marangush*」等等。木星代表一切混合了美好的香味和口味的藥物，如麝香、「*al-kapur*」或「*kapra*」、糖、被稱為「*al-ud*」的「*al-basbasah*」、琥珀，以及[其他]類似的東西。

木星代表良好[質地]的衣服，如純棉衣服和其他精緻的衣服。

木星代表人性中的自尊、正義、平靜、信仰、謙虛、美名、心靈的慷慨、靈魂的白山、講真話、守約定、微笑的臉、熱愛美好、憎惡邪惡，以及對任何不符合法律規範之事的普遍厭惡。木星人熱愛說話，並渴望得到人們的讚揚[15]。他的想法大多旨在尋求並積累財富，以及以誠實的方式贏得一切。[他尋求]法律和法理的知識，會解夢，並服務猶太教會堂。

[木星]也代表子女和孫輩，且通常代表好運、恩典和榮耀。如果木星單獨[主管]某人的本命盤[16]，他的自然屬性會帶來一切榮耀的事物，但如果[木星]不具備[自己]的力量[17]，則情況正相反。當[其他]行星與木星混合——不論是通過會合還是相位——時，都會增加或降低木星的影響力。如果那顆行星是凶星，會減少木星帶來的好處，如

---

15 ｜這裡有可能是「感恩」，也與木星的特質相近。
16 ｜希伯來文詞彙是「*mitboded* (מתבודד)」，意思是「孤獨的」「獨自的」「不交流的」。
17 ｜意思是「不具有任何尊貴力量」。

果是吉星，則會增加木星的好處。

說到個人形象，如果[木星]是東出的，代表迷人的身材，白裡透紅的外表，頭髮稀少，美麗的眼睛，在所有活動中都表現出色，且他的（木星的）體質是暖和濕的。如果木星是西入的，則代表身材挺直，身體發白但不潔淨，頭髮與捲曲相反（直髮），禿頂，身體裡的濕更多。

總體而言，木星人有善良的靈魂，仁慈的個性，令人愉悅的外表，看上去可敬的鬍鬚和薄薄的頭髮。

木星代表人身體裡的肝臟、左耳、肋骨以及血管[18]。他代表的疾病都會迅速過去。他[主管]人生成年至老年之間的階段。他[代表]的顏色是白色、綠色、橙黃色、平坦的（even）[19]，以及每一種漂亮又明亮的顏色。

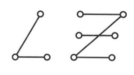

在[地理]方位上，[他代表]北方。[他主管]的白天是星期四，[他主管]的夜晚是星期一[之前]的夜晚[20]，且[他主管]它們的第一和第八個[行星]時。木星代表的字母是 *het, samekh* 和 *bet*（ב, ס, ח）。這是木星的代表符號[見圖]。木星的最大年是427，大年是97，中年是45，小年是12。木星在法達運程法中掌管12年，星體影響範圍的[容許度]是前後各9度。

火星是熱、乾燥、燃燒、有害和具有破壞性的。他代表毀滅、乾

---

18 | 文本中用詞是「*kol ha'dam*（כל הדם）」，意思是「所有的血液」。如果我們增加一個可能被抄寫者漏掉的字母，就變成了「*klei ha'dam*（כלי הדם）」，即「血管」。[羅伯特·漢補充]拉丁文文本此處是「整個血液」。

19 | 不太清楚這裡具體指什麼。這個詞是「*hayashar*（הישר）」，通常意思是「平的」或「直的」，或者，在其他文獻中也有「誠實的」和「正直的」之意。

20 | 在猶太人的傳統中，夜晚在白天之前，因此在這個表達中，指的是星期一之前的夜晚。

旱、火災、反抗、流血、殺戮、戰爭、爭鬥、重擊、分離，以及一切與應有狀態不符合的事情。火星代表人性中的憤怒。

火星代表地球的第三個區域[21]，如埃及和亞歷山大。[他主管]英國人民和拜火者。他代表所有戰士及其指揮官、強盜、鐵匠、鍛工、製作長矛和劍的人、放血的人，以及動物飼養員等等。

[火星代表]的地球礦物有鐵、紅銅、硫磺和石腦油。[他代表]所有玻璃器皿、武器，以及每一種紅色的石頭。火星代表防禦工事、塔以及「*purni*」。[他代表]的動物有土狼、狗和老虎。[他代表]的鳥是「*al-buzia*」或「*astur*」。[他代表]一切有害的爬行動物，如蛇和蠍子，以及所有帶有致命毒液的生物。[他代表]的植物是野薔薇，「*agsis*」──一種被稱為「*al-bacam*」的用來染色的木材，還有「*al-azfur*」「*al-fuah*」、所有帶刺的樹木、胡椒、芥末、小茴香、蘿蔔、韭蔥、大蒜，以及「*al-sadav*」或「*roda*」。[火星代表]的草藥是「*astucdus*」「*tarbad*」「*sababing*」、「*zarion*」水、「*povion askemonia*」「*parsion*」「*carcac*」和所有能引發即刻疼痛的植物，以及散發令人不快的、辛辣味道的植物。[他代表]的芳香是「*al-sandal*」（檀香？）和番紅花香。[他代表]兔皮和「*al-samur*」，以及用「*al-carmaz*」染的衣服。

火星代表人類本性中的迅速、勇氣、勝利、力量、戰鬥、爭執、掠奪、憤怒、侮辱和詛咒、謊言、告發[他人]、放蕩、粗魯、不守信、立假誓、放任《妥拉》所禁止的一切、偷竊、一切惡行、殘忍、耗力、四處遊蕩、造成傷害、折磨和毆打他人、監禁和俘虜、搶劫錢財、挖牆、開門以發現任何隱藏的事物。

---

21 │ 參見第二章關於氣候區的註解13。[羅伯特‧漢]

　　總體而言，火星是邪惡的，沒有任何好處。他代表兄弟[22]、爭執的人、墮胎、女人的流產、任何突發的事故和一切災難。

　　如果火星單獨[主管]某人的本命盤，只要他有自己的力量且與吉星形成相位，那麼他會帶給命主好的[品質]。如果他沒有力量且和凶星混合，情況正相反。如果火星相對太陽是東出的，代表命主身材高大，外表白裡透紅，身體多毛髮。如果火星[相對於太陽]是西入的，代表他（命主）身材矮小，外表發紅，圓臉，小眼睛，頭髮紅且不捲曲，體質是乾燥的。

　　總體而言，火星人臉色發紅，眼睛像貓，外表醜陋，臉上有麻點和瑕疵。他行動匆忙，伴隨著爭執和狂熱。

　　火星代表人身體裡的膽囊、右鼻孔、肌腱、腎臟和陰莖。他[也]代表紅膽汁和燃燒的血液[23]。他代表的疾病是發燒、肺結核、身體出紅疹、焦慮、瘋狂、瘀傷和燒傷。

　　[火星代表]人生的成年階段。他的顏色是鮮紅色。在[地理]方位上，[他代表]西方。[他主管]的白天是星期二，[他主管]的夜晚是星期六[白天之前]的夜晚，且[他主管]它們的第一和第八個[行星]時。[火星代表]的字母是 *tsade, qof* 和 *yod*（י，ק，צ）。這是火星的代表符號[見上圖]，也有人說是[下圖]。火星的最大大年是284，大年是66，中年是40 ½，小年是15。火星在法達運程法中掌管7年，星體影響範圍的[容許度]是前後各8度。

22｜火星代表「兄弟」基於一個事實，即他位於土星起算的第三層天球（自上而下算），而第三的位置對應第三宮（譯註：兄弟宮）。這一點在《緣由之書》中也有提及。[羅伯特·漢補充]火星的這一屬性也見於印度占星學中。

23｜傳統上火星代表動脈中的血液，而不是靜脈中的血液。它們一直被認為是兩種不同的體液，直到十七世紀因為哈維（Harvey，譯註：威廉·哈維，英國著名的生理學家和醫生）的發現才得以更正。「燃燒的血液」指的是更鮮紅的血液，因為動脈中的血液含有更多的氧氣，儘管古人不一定知道這一點。

太陽非常熱也非常乾，且[既]有益[也]有害，[既]為善[也]作惡。她[24]是空氣和覺[25]魂（sensitive soul）。它代表地球的第四個區域[26]，如巴比倫、伊拉克和以色列。[它主管]以東人、土耳其人和迪拉姆（Dilam）人。[它代表]國王、大臣和謀士。[它代表]的地球礦物是黃金和寶石，如「al-as」。它[還]代表紅色的鹽，看上去像黃金的白鐵礦，「al-sharnaa」以及任何閃閃發亮的石頭。太陽代表的[地點]是皇室的宮殿和寓所。

[太陽代表]的生物有人類、馬、獅子和大隻的公羊。[它代表]的鳥是「al-ukvan」或「lammergoicr」，以及「shudanik」。[它代表]具有殺傷力的大型爬行動物。[它代表]的植物是棗椰樹、葡萄樹、橄欖樹、蘋果樹、桑樹、「hav al-alukh」或櫻桃樹、「spargalim」，以及無花果樹。太陽代表玫瑰花、「aluviu」和絲綢。[它代表]的香氣是「shibolet」「nerd」「al-curmaz」、紫丁香味，以及任何有辛辣特點的味道。

太陽象徵尊貴的品質。它代表人類本性中的知識、聰慧、尊嚴、美麗、勇氣、追求高位階、對財富的欲望、嘮叨、迅捷，以及過度的欲望。[它代表]的商業是金器銀器鍛造，以及手工製作皇冠。

太陽代表憲法和法律、社會聯盟、父親和排行中間的兄弟[27]。

太陽會依據其力量傳遞它的自然屬性。如果它單獨[主管]本命盤，命主身形肥胖，臉色白皙，眼睛中等[大小]，頭髮稀疏，外貌端莊。它代表人體的心臟，在日間盤中代表右眼，在夜間盤中則代表左

24｜請注意，希伯來文中的太陽通常是但並不總是陰性的。因此，這部分的英文將在女性化的「她」和中性的「它」之間來回轉換。[羅伯特・漢]

25｜這個詞也可理解為「感覺」或「感知」。

26｜參見第二章關於氣候區的註解13。[羅伯特・漢]

27｜目前尚不清楚這一屬性的出處。是否如前文所解釋的，因太陽位於火星之下，而火星代表兄弟？

眼，它代表大腦[28]、動脈，以及[總體而言]身體的整個右半邊。它也代表紅膽汁以及任何發生在嘴巴部位[29]的病症。

太陽代表[人]生的[青]壯年階段。它代表純紅色和橙黃色，代表辛辣的味道。在[地理]方位上，[它代表]東方。[太陽代表]的字母是 *alef, dalet* 和 *lamed* (ל, ד, א)。這是太陽的代表符號[見圖][30]。[它主管]的白天是星期天，[它主管]的夜晚是在星期四[白天之前]的夜晚，[它主管]它們的第一和第八個[行星]時。太陽的最大年是1461，大年是120，中年是39 ½，小年是19。太陽在法達運程法中掌管10年，它的星體影響範圍的[容許度]是前後各15度。

金星是冷和濕的，具有良好和均衡的特質。她是一顆吉星，代表欲魂、結果實以及繁殖。

她代表第五個區域[31]，即西班牙和以土買部分地區。[她主管的]的民族是阿拉伯人和所有信仰伊斯蘭教的人們。[她代表]男孩、閹人、女人、演員、音樂家及詩人。她代表位於地球腹地裡的一切東西、橙黃[色]的銅、「*al-lazurar*」、鎂、「*al-martakh*」「*shadar*」，「*al-zag*」或「*irmant*」，「*atincar*」以及一切裝飾品和女人的指環。

金星代表[的地方]包括花園、果園、種植桃金娘和花卉之地、女人的居所（閨房）、慶典之地以及床。她代表鹿、羚羊和任何美麗的動物。[她代表]的鳥類有「*al-higgil*」或鷓鴣、鴿子以及鳥。[她代表]

---

28 | 大腦是由月亮代表的！請查閱《緣由之書》！
29 | 基於其他參考資料，此處似乎是筆誤。在占星學中，面部的嘴應由水星代表。[羅伯特·漢補充]舍納在其著作《占星小品》（*Opusculum Astrologicum*）第二卷法則2中也提到，太陽代表嘴巴的病症。
30 | 這個符號與標準的拜占庭太陽符號相同，只是旋轉了180度。[羅伯特·漢]
31 | 參見第二章關於氣候區的註解13。[羅伯特·漢]

的爬行生物是蜘蛛和螞蟻。青蛙也是她代表的。[她代表]的植物有蘋果、石榴，以及有著美好芳香和令人愉悅的味道的果實。她[還]代表香脂，一切散發誘人香氣並且多汁又油膩的東西。

　　[金星代表]刺繡品和美麗的衣服。[她代表]人性中的潔淨、友誼、歡笑、嬉鬧、嬉戲、舞蹈、愉快的交談、愛情、通姦、玩骰子、慷慨、一切的過度欲望、虛假的證詞、醉酒的傾向、自然以及不自然的性交、對孩子的愛、對商業場所的喜愛[32]，以及一般而言對正義和禮拜場所的喜愛[33]。[她代表]的商業是一切與印染和縫紉[相關的工作]。她代表吃和喝，代表母親、女兒和妹妹。

　　根據金星在本命盤中的力量，其特質將會在命主身上顯現。當她單獨[主管]本命盤且東出時，命主胖，臉色白皙，外形俊美，眼睛黑，個頭高。當她西入時，命主矮，臉色並非純白，頭髮也不捲曲，且會禿頂。總體而言，金星代表圓臉且好看的人，有黑色的眼睛，面帶笑容。

　　金星代表人體的肉、乳汁、肝臟[34]和精液。[身體中]所有的水分都屬於金星。她代表發生在腎臟和生殖器部位的疾病。

　　[金星代表]人生的青春期，13歲以上的年紀。她代表白色和有點發綠的顏色。她代表甜和清淡的味道。在[地理]方位上，[她代表]東方。　[她代表]的字母是 *tet* 和 *dalet* (‪ט‬, ‪ד‬) 。這是她的代表符號[見圖]。[金星主管]的白天是星期五，[她主管]的夜晚是星期二[白天之前]的夜晚。她主管它們的第一和第八個[行星]時。金星的最大年是

32 ｜喜歡購物？

33 ｜以我們對金星的認識，最後這兩個屬性似乎不太合適。是從木星的內容轉移過來的？

34 ｜肝臟通常由木星代表。難道這又是一個抄寫錯誤？[羅伯特‧漢補充]舍納在《占星小品》中也提到金星和木星都代表肝臟。

1151，大年是82，中年是45，小年是8。金星在法達運程法中掌管8年，她的星體影響範圍的[容許度]是前後各7度。

水星是混合和可變的，因其會根據其他行星以及所落星座的自然屬性而變化，但他的本質趨於冷和乾。他代表人之魂和才智的力量。

水星代表第六個區域[35]。[他代表]的民族是「歌革和瑪各」（*Gog and Magog*，譯註：在《聖經》以及多種文化的神話與民俗中都有提及），以及印度人。[他代表]哲學家、科學家、醫生、抄寫員、數學家、幾何學家、商人，以及蝕刻和繪畫的工匠。

水星代表的金屬是活的銀（水銀），還代表硬幣和風化的石頭。他代表市場、學校、所有的作坊、泉水、河流以及噴泉[36]。他代表[的生物]是人類、狐狸、野猴和任何能輕盈跳躍的動物。[他代表]椋鳥，也代表蜜蜂及所有能敏捷飛行的鳥。[他代表的]爬行生物是蠕蟲。植物中[他代表]柑橘樹、部分石榴樹、胡桃樹、蘆薈、原棉和亞麻。他代表各種各樣的樹脂、生薑，以及「*gandava destar*」——一種在英格蘭發現的尾巴像魚一樣的動物的睪丸，還有「*aakar karkha*」「*madg*」「*asrukh*」「*pakakh*」「*al-dacar*」「*al-zarnabar*」「*al-shitrag*」「*al-gintiba*」，以及所有味道酸的東西。[他代表]亞麻衣服以及有刺繡的衣物。

水星代表人性中的言語、智力、教育、智慧、行星的科學、占卜、各種魔法、口才、語言的準確性、快速交談、背誦和押韻的能

---

35 | 參見第二章關於氣候區的註解13。[羅伯特・漢]
36 | 最後三個屬性似乎都不太合適，因為水星通常與水沒有關聯。

力、隱秘的知識和預言。他[還]代表仁慈和同情心[37]，避免作惡，[以及]音樂天賦，對任何微型事物的熱愛，談判，不訴諸打擊的口頭辯論，各種各樣的詭計和欺騙，偽造文書。他的手受過各種技能的訓練，渴望從事[各種]活動，而且[他傾向於]獲取和揮霍財富。水星的性質會根據命主本命盤而變化。他也代表弟弟，他的性質會根據其在星座中的力量而顯現[38]。

如果水星單獨[主管]本命盤且是東出的，則[命主]身材矮小，有個小腦袋和美麗的眼睛。當他西入時，命主的外表介於黑白之間，身體瘦，眼睛小，體質很乾燥。總之，水星人有突出的前額，細長的鼻孔，肉很少，稀疏的鬍鬚，手指很長，是一個聰明且善於學習的人。

水星代表人體的舌頭、嘴巴和神經，也參與[代表]血液。他代表與精神相關的病痛，如思慮、擔憂和懷疑。水星代表人生的童年。他代表藍色，以及各種色彩混合在一起的顏色。他代表酸的味道。在[地理]方位上，他代表 北方。在字母中，[他代表]的是 *vav, tav, resh, mem* (מ, ר, ת, ו) 和後續的字母。這是他的代表符號[見圖]。[水星主管]的白天是星期三，[他主管]的夜晚是星期日[白天之前]的夜晚。他主管它們的第一和第八個[行星]時。水星的最大年是480，大年是76，中年是48，小年是20。水星在法達運程法中掌管13年，他的星體影響範圍的[容許度]是前後各7度。

---

37 | 這個詞是一個相近的猜測。希伯來文 *yakar* (יקר) 不能恰當地表達尊敬的含義，而是「心愛的」（dear），兼有「喜愛」（affection）和「昂貴」（expensive）之意。但在書面語中這個詞也用作形容詞，描述在社會上受尊重和值得尊敬的人。[羅伯特‧漢補充]拉丁文文本此處為 *charitas*，是慈善（charity）一詞的由來，但實際上指的是一種純潔的、無性的愛。
38 | 基於一個註腳的另一種翻譯是「……根據他在本命盤中的力量」。

月亮是冷和濕的，但也有些熱[39]。她使所有物體腐爛敗壞。當
她與太陽相對時，能使所有果實成熟，且她代表生產的力量[40]。月亮
代表第七個區域[41]，即可居住世界的極限地帶。她代表的民族是「*Al-Tsvia*」。她代表水手、旅行者、信使和僕人。她代表的金屬是銀，也
代表水晶、縞瑪瑙和石灰。她代表海洋、河流和池塘。[她代表]的動
物有騾子、驢、牛、野兔和魚。[她代表]白色的鳥，以及任何白[色]
的爬行動物。[她代表]的植物有河柳、桃樹，以及各種各樣的蔬果，
[例如]南瓜、西瓜和黃瓜。她[還]代表「*al-karpa*」或肉桂、「*dar*」
胡椒、「*dar sini*」，以及所有具有濕冷特點的香料。月亮代表的味道
是鹹味，顏色是白綠色。她代表的香氣是「*al-saudi*」，她也代表衣服
和罩布。

月亮代表的人類特質有多思和情緒的表達、愚蠢、健忘、天真、
洩露秘密、對歡樂和節日的喜愛、魔法知識、講故事、[說]謊、誹謗
以及暴食。總之，月亮會根據[她所落星座和與她形成相位的行星]的
不同性質而變化。她代表嬰兒期，代表母親和她的姐妹，代表姐姐、
女人以及孕婦。

根據月亮在本命盤中的力量，其特質將會在命主身上顯現。當
[她]單獨[主管]一個人的本命盤時，命主姿態挺拔，面色白裡帶黃，
圓臉，眉毛像連在一起，行動和走路都很快。從月初到月中，她代表
白色；而從[月]中到月末，代表有些黑。

月亮在日間盤中代表左眼，在夜間盤中則代表右眼。她代表肺、
喉嚨、胃、子宮，以及整個身體的左半邊。她代表因水分增加而引發

---

39 | 因為在接近滿月時，她可從太陽那裡獲得光亮。
40 | 此處的短語 *ko'akh hatoledet*（כח התולדת），可理解為「[星盤中]自然的力量」，甚或是「分娩」。
41 | 參見第二章關於氣候區的註解13。[羅伯特·漢]

的病症。[她主管]人生哺乳階段的嬰兒期。[她代表]灰色和綠色，代表鹹味。在[地理]方位上表示西偏右。月亮代表字母表中的 *zayin* 和 *ayin* (ז,ע)。這是[她的代表]符號[見圖]。[她主管]星期一的白天，[主管]星期五[之前]的那個夜晚，且主管它們的第一和第八個[行星]時。月亮的最大年是520，大年是108，中年是39 ½[42]，小年是25。她在法達運程法中掌管9年，她的星體影響範圍的[容許度]是前後各12度。

智慧的開端

第五章[1]

第五章[討論]行星的良好[狀態]和不良[狀態]，它們的有力和虛弱位置。

[有力位置：]

當行星與一顆吉星會合，或與之[呈]六分相、四分相或三分相，且行星沒有與凶星形成相位，也沒有與[凶星]會合；或行星與一顆吉星分離，且與[另一顆]吉星會合；或者行星位於兩顆吉星之間；或行星與太陽會合，或與之呈三分相或六分相；或行星與月亮呈相位，且月亮與吉星在一起；或行星快速行進，或處於增光階段因而處於分離狀態[2]；或行星位於其尊貴位置之一，如廟、旺、三分性、界和外觀；或行星位於其最高位置[3]；或行星在迅捷度數(swift degree)[4]上，或被容納[5]，或處於相似狀態(similitude)[6]；或兩個發光體位於占星主管的位置，就好似它們都在自己尊貴的位置上；當[見到]一顆吉星位於另一顆吉星主管的位置時，同樣如此。

當一顆行星位於前述提及的位置之一時，它的特質會得到加強，並代表[其本質]特性每一個好的面向。如果它的狀況與前述相反，那麼它的特質就會減弱。如果[行星]同時具有前述兩個或三個甚至更多的正面配置，那麼它代表的任何吉象都會增加，且會更強。

行星呈現的吉象[7]有三種。第一種是雙重吉象，第二種是完全吉象，第三種是中等吉象。雙重吉象是指行星同時具有兩種或三種尊

---

2 ｜離開與太陽的會合。
3 ｜即至高點。詳見第二章註解31。
4 ｜這可能指（我不知道）的某一類度數，或許只是指行星由減速的停滯狀態轉為順行時的度數。[羅伯特·漢補充]拉丁文文本此處為「光亮度數」。
5 ｜通過與另一顆行星形成相位被容納。參見第七章關於「容納」的說明。
6 ｜參見第七章關於「相似」的說明。
7 ｜希伯來文「tova (טובה)」意思是「好的」或「益處」。

貴。例如水星在處女座，它具有兩種尊貴，即入廟和入旺；如果它
[還]在自己的界上，那麼就有了三種尊貴[8]。完全吉象指行星落在與其
自然性質[更]符合[9]的廟宮星座。[例如]土星在水瓶座，木星在射手
座，火星在天蠍座[10]，金星在金牛座，水星在處女座，發光體在它們
[相應]的廟宮。中等尊貴指一顆行星落在與其自然性質不相符的廟宮
星座：土星在摩羯座，木星在雙魚座，火星在牡羊座，金星在天秤
座，以及水星在雙子座。

[另一種類型的]有力是指當行星在北方（黃緯緯度）上升時；或
當行星在最高點的軌道（the wheel of elevation）上升或下降，它
的實體[球面]遠離地球的實體[球]時[11]；或行星正處於即將順行的
第二次停滯時；或行星正離開太陽光束下；或行星在極點之一或與之
相鄰的[宮位]中；三顆外行星（土星、木星、火星）東出並與太陽呈
六分相，因而有好的狀態[12]；或外行星在陽性象限之一或陽性星座，
太陽也是如此，但它在天秤座時除外[13]。

三顆內行星（金星、水星和月亮）相對太陽西入，或位於陰性象

---

8 ｜ 處女座1至7度是水星的界。水星是唯一在同一星座——處女座——既入廟又入旺的行星，只一步即可輕鬆囊括三種尊貴力量。

9 ｜ 希伯來文「*tityasher*（תתישר）」字面意思是「變得筆直或直接，或對齊的」，但以下文本顯示其意思是適應和符合。[羅伯特·漢補充]關於喜樂或權力（joys or thrones）的理論認為：每顆行星（太陽和月亮除外）在一個廟宮會比在另一個廟宮更歡喜。這就引出一個事實，即每顆行星在其中一個廟宮星座會比在另一個更加尊貴，由此得到：土星—水瓶座（廟和三分性），木星—射手座（廟和三分性），火星—天蠍座（廟和三分性），金星—金牛座（廟和三分性），水星—處女座（廟和旺）。讀者會注意到，行星「喜樂」的星座也是與其日夜區分相一致的廟宮。在都勒斯（Dorotheus）的著作和許多中世紀文獻中都有記載。中世紀後期及文藝復興時期的文獻曲解並改變了此理論。

10 ｜ 關於火星的日夜區分和陰陽性可參見第一章關於行星的描述，伊本·伊茲拉對火星的陰陽性有著非傳統卻十分有趣的見解。

11 ｜ 這必是指行星在均輪上朝向或離開其至高點的運動，但也可能指行星在本輪上的運動。參見第二章註解31。

12 ｜ 當外行星相對太陽東出時，它們也處在自身適當的區分，即處於從與太陽會合到對分之間的星相，自對分開始，它們就變成西入的且不在適當的區分。而當它們在自身適當的區分時，運行較快的太陽會與它們形成三分相，而它們會在此點附近逆行。如果這個推論是正確的，那麼外行星相對太陽的右旋六分相才是真正的處於適當區分的有力位置！火星再次有違常規，因為它被歸入這一類別（譯註：即視外行星為日間行星）與它被歸類為夜間行星是衝突的。

13 ｜ 因為太陽在天秤座入弱。

限時，它們的力量會[顯現]。

　　行星的虛弱位置如下：運動速度變慢；處在第一次停滯位置或逆行，逆行對於兩顆內行星（水星和金星）的傷害更大，因為它們會被太陽焦傷，或位於太陽光線下；[行星]位於暗黑度數，或與其相似狀態相反時；行星入弱，或向南下降，或在南方；行星在下降的宮位（果宮）；行星位於天秤座19度至天蠍座3度的「燃燒之路」（Fiery Road）上[14]；行星落陷，或與逆行的行星在一起；行星在弱宮，或在果宮；行星沒有被容納，或在其所在位置像個局外人[15]。當行星[所在位置的主星]沒有容納這顆行星，或三顆外行星相對太陽西入，或[它們]位於陰性星座或陰性象限時，情況會變得更糟。對太陽來說[也]是如此，除非太陽位於喜樂的第九宮[16]。

[虛弱位置：]

　　當內行星位於相對太陽東出的[位置]，或位於陽性象限時，是虛弱的。

　　行星的不良狀態如下：行星與凶星會合，或對分，或[與它們]形成四分相、六分相和三分相，或與凶星的距離小於行星的限制範圍[17]；行星位於凶星的界或廟宮；或凶星之一位置高於該行星，即位於該行星起算的第十宮或第十一宮。而當這顆凶星不容納該行星，或凶星與太陽會合、四分或對分，或行星與它的南交點或北交點會合或與它們的距離小於12度時，情況會變得更糟。最困難的情況是[看

---

14 ｜ 請注意，「燃燒之路」的劃定是自太陽的入弱度數至月亮的入弱度數。[羅伯特‧漢補充]對此，我們無法知道這是有意義的還是巧合。

15 ｜ 即外來的——行星在這個位置沒有任何尊貴力量。

16 ｜ 第九宮在陰性象限。[羅伯特‧漢補充]第九宮被稱為「太陽神的住所」，即使位於陰性象限，它依然是太陽的喜樂位置。

17 ｜ 是指行星的容許度範圍？不太清楚。

到]月亮與[交點]在一起。對太陽而言，前後4度內出現任何一個交點都是困難的。古人認為，龍首的性質是增強而龍尾的性質是減弱，因此當吉星與龍首會合時，龍首會增強吉星的吉性，而當凶星與龍首會合時，龍首會增強它們的凶性。[以此類推]，當吉星與龍尾會合時，會減弱吉星的吉性，而當凶星與龍尾會合時，則會減弱它們的凶性。因此，印度占星家認為，龍首與吉星會合為吉祥的，與凶星會合則為不吉的[18]。當行星位於兩顆凶星中間，與它們會合或形成相位時，行星[也]是虛弱的，我稍後會解釋這一點。

[對]月亮有害的十一種狀態：

一是她處在蝕相時；二是在太陽光線下且與太陽相距少於12度，不論她是正在接近太陽還是正在遠離太陽；三是月亮在相同度數[容許度]範圍內與太陽對分，無論入相位還是離相位；四是她與凶星會合或形成相位；五是她[處在]土星或火星[主管]的[十二分部]影響之下[19]；六是她與[龍]首或[龍]尾相距不超過12度；七是當她[位於]南方[黃緯]或[向它]下降時[20]；八是當她位於燃燒之路時[21]；九是她位於星座末度數的凶星界上；十是當她運行速度變慢，即某天的運行速度小於星曆表中記載的平均速度時；十一是當她位於第九宮時，因為這與她的喜樂宮[22]相對。

---

18 | 這一理論在中世紀文藝復興占星文獻中被大量引用，但似乎沒有得到廣泛的觀察印證。此處是極少數（如果不是唯一的話）將這一理論溯源至印度占星的資料。我並未在我能查到的任何印度占星資料中找到這一理論的出處。[羅伯特·漢]

19 | 希伯來文文本字面意思是：「五是當她在土星或火星的第十二影響之下時」。[羅伯特·漢補充]我們不知道這裡的「第十二」是否指的是星座中由凶星主管的十二分部或星座本身。希臘文文本，尤其是托勒密文獻中也有類似的歧義。在任何情形之下，邏輯都是一樣的，那就是月亮落在凶星主管的分部中都不吉祥。

20 | 這裡的意思不太清楚。他是指所有的南黃緯還是僅指黃緯度數向南移動，又或許指在黃緯最南緯度？[羅伯特·漢]

21 | 即「燃燒途徑」（via combusta）。[羅伯特·漢]

22 | 月亮的喜樂宮是第三宮，希臘人稱之為「月亮女神之家」，或簡單稱之為「女神」。[羅伯特·漢]

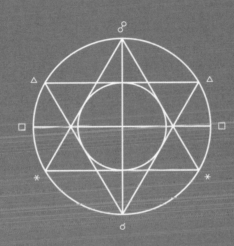

智慧的開端

第六章[1]

　　第六章描述了行星在其軌道上的[運動]狀態，及其相對於太陽的[各種狀態]。行星的狀態是多種多樣的。

　　行星可能正處於其軌道的中間，這意味著行星與其最高點這一初始[位置]之間的距離為90度——無論在最高點的左側還是右側。或行星可能正在最高點的軌道中上升或下降，或正位於最高點初始位置，或正從軌道中間向最低點下降，或正自軌道最低點向中間位置上升，或在軌道的最低點。

　　行星可能運行速度變快，從而處在光線和力量[增強]的狀態；或相反，行星處於光線和力量減弱的狀態；或行星處於平均的位置，既沒有增強也沒有減弱。[行星還可能]運行數字增加或減少（increasing or decreasing in number，譯註：指行星每日運行的速度看起來是加快的或是減慢的），或者它的運行數據可能增加或減少（increasing or decreasing in calculation，譯註：指行星在黃道上的平均位置加上或減去偏差值得到行星的真實位置），或[位於]平均[值]；行星正處於北黃緯向上或向下移動，或正處於南黃緯向上或向下移動；它可能處於黃緯的高緯度，或低緯度，或[根本]沒有緯度的狀態。當行星離開其最高點初始點90度時，行星是順行的，這是因為它正處於[一個]中間的[位置]，它的光線和自身的力量也是如此。[2]

　　當行星距離其最高點初始位置不足90度且正向最高點上升時，行星在[軌道上]處於上升狀態，它的運行速度、光線和自身力量都

---

2 ｜ 這段理解起來有些困難。其他所有的「最高點」指的都是行星在其均輪，而不是本輪上的運動。但這裡的希伯來文「*yashar*（ישר）」有多種不同意思，例如「順行的」「垂直的」「直的」等等。要麼這是一處少見的描述行星在本輪上運動的參考資料，要麼「*yashar*」在這裡代表相當不同的含義，例如「適當的」，用以指行星的**平均**運動。拉丁文文本沒有多大幫助，因為它在此處與希伯來文文本有很大不同，但也沒有提到任何關於「順行」的意思。因此，這或許是（此文本）中少有的提及行星本輪運行的資料，但文字有缺失，又或者「*yashar*」在這個例子中有不同尋常的含義。[羅伯特・漢]

在減弱。

當行星位於其最高位置時，減弱狀態已經結束。當它自最高位置向軌道的中間[點]下降時，它的運行速度、光線和自身力量都在增強；當它自軌道的中間位置向最低點下降時，它的[這些屬性]也都在加強。當行星到達軌道最低點時，所有這些增強都已完成[3]。

對於月亮運行的描述同樣適用於外行星。月亮自離開太陽12度直到與太陽對分都處在增光狀態；月亮自與太陽對分到再次與太陽會合都處在減光狀態。

如果你想知道何時行星的運行數字增加，那麼你可以將行星的運行數字與[天文表中]的順行度數那兩列進行比對。如果運行數字[出現]在第一[列]，那麼它是增加的；如果[出現]在第二[列]，那麼它是減少的；如果沒有[發現]該數字，那麼它既沒有增加也沒有減少。如果你需要將數據加到行星的平均位置上，那麼行星的運行數字是增加的；如果需要從平均位置上將數據減去，則其運行數字是減少的。如果既不需要加上也不需要減去，那麼行星在[它的]軌道上[4]。

對於金星而言，若從其平均運行數據中減去太陽的數據時沒有剩餘，或剩餘是180[度]，則金星與太陽在同一度數上。

對於外行星而言，如果某天它們的運行速度大於它們的平均運行速度，那麼它的行進是快速的；如果小於，則是慢速的。

對於金星和水星而言，觀察它們的運行速度，若小於太陽的平均運行速度，則它們處於慢速運行狀態；若大於，那麼它們處於快速運行狀態；如果[它們的運行速度]與太陽的平均運行速度一致，那麼[它們]既不慢也不快。

---

3 | 有關這些內容的完整解釋，請參閱我們編譯的阿布·馬謝的著作《占星學入門節本》第14至17頁的註解。

4 | 行星在均輪上。同樣，請參閱我們編譯的阿布·馬謝著作《占星學入門節本》第14至18頁的註解。[羅伯特·漢]

當行星在北黃緯，也就是當它位於它[自己的]北交點至[距該位置]90°之間時，[被稱為]在北方上升[5]；從那個位置再到尾（它的南交點）是在北方下降；自尾到[下一個]90°是在南方下降；自這個90°[位置再回到]北交點是在南方上升。當[行星]距離北交點和南交點都是90°時，處在它的最高黃緯[6]緯度上；當它趨近首或尾時，它的黃緯緯度在降低；當它與首或尾在一起時，行星在黃道上。

行星相對於太陽的位置[有]多種情形。三顆外行星自與太陽同度會合到與太陽對分，它們處在太陽的右方（右旋）；自與太陽對分到[再次]與太陽會合，它們處在太陽的左方（左旋）。

對於金星和水星而言，從它們逆行離開太陽，直到它們[再次]順行，並跟隨太陽、超過太陽並與她會合，它們都處於太陽的右方；從它們順行離開太陽，變成西入的，直到它們停滯，[然後]逆行，太陽追上它們且與它們會合，它們都處於太陽的左方。

同樣，月亮自離開太陽那一刻起，直到她運行到太陽的正對面，都在她（太陽）的左方；而自對分到與太陽會合，她在[太陽]的右方。

三顆外行星[相對]太陽的位置有以下十六種：

第一種，行星與太陽位於相同度與分，稱為結合（joined）——只要它與太陽的距離小於17分；如果距離大於17分，則[稱為]焦傷（combust）；但結合時，[它所代表的]一切事物都是好的[7]。

---

5 | 這段文字敘述有點奇怪，但拉丁文文本也佐證了希伯來文文本，原文中存在某種文本缺失或語言歧義。它讀起來應該是這樣的：「當行星在北黃緯，且當它位於它[自己的]北交點至[距此位置]90°之間時，被稱為北方上升……」[羅伯特·漢]

6 | 北黃緯或南黃緯。[羅伯特·漢]

7 | 即核心內（Cazimi）。注意伊本·伊茲拉並未提及行星的黃緯緯度弧度是否也在17分之內。許多其他權威資料會有這樣的要求。[羅伯特·漢]

如果行星與太陽相距在[17]分至6度[8]之間，且行星是東出的，則被焦傷，對土星、木星而言是這樣，但對火星而言，一直到10度之內都被焦傷[9]。

當它們［距離太陽］超過6度，火星超過10度，直至15度，稱為在[太陽的]光線下（under the light）[10]，這是第三種。當行星處於焦傷狀態，它沒有任何力量。當它離開焦傷範圍進入光線下，它的力量會得到某種程度的恢復，離開越遠恢復得越好。古人稱火星應該離開太陽18度之外才能走出光線下。之後行星就可以在其所代表的事物上具有平均的力量。

行星［自這個位置］（譯註：離開光線下）至與太陽形成六分相為止，被稱為東出且有力的。行星在此力量最強，這是第四種。

從此刻起直至與太陽形成四分相，行星的光輝會減弱[11]，這是第五種。

從四分相到第一次停滯，行星的力量繼續減弱，這是第六種。

當行星處於第一次停滯時，它的力量完全被削弱，這是第七種。

第八種是，當行星逆行並趨近與太陽對分的位置，這時它根本沒有力量。

第九種是行星與太陽對分，表示混亂以及沒有實現的希望。

第十種是行星自與太陽對分位置離開，直到[進入]第二次停滯，它會獲得一些力量。

---

8 ｜ 通常是8度。[羅伯特·漢]

9 ｜ 後來的作者通常對所有行星給出相同的焦傷度數。此處可能是古典資料中現存的給每顆行星以各自焦傷度數的資料。參見費爾米庫斯‧馬特爾努斯的《論數學》第二冊，第九章，它給出行星被焦傷的度數範圍如下：土星15度，木星12度，火星8度，金星8度，水星18度。[羅伯特·漢]

10 ｜ 我們稱之為「在光束下」（under the beams 或 under the rays）。其他的資料給出的度數是17度或18度。[羅伯特·漢]

11 ｜ 因為它們的速度會慢下來，並接近第一次逆行的停滯狀態。

當行星在那裡（第二次停滯）時，即第十一種位置，它的力量得以恢復。

自此直至與太陽形成90度角且西入，行星的力量會有某些減弱，這是第十二種。

從那裡開始，行星的力量持續減弱，直到與太陽再次形成六分相，其力量只剩三分之一，這是第十三種。

當行星距離太陽只有15度，這是第十四種位置，這時它的力量完全喪失。

當行星進入太陽光線下，是第十五種位置；當[它再次回到]焦傷範圍，這是第十六種。

*[但]金星與水星*有不同的[評估]方式：[自]它們與太陽[在相同度]及分[會合]，或它們與太陽的距離小於上述提及的[17]分且它們是束出的，直到它們離開焦傷範圍，與太陽的距離達到7度，[它們]的位置有兩種。[自此]直到它們離開太陽12度為止，它們在太陽光線下。從那裡開始，它們的力量持續增強，它們[仍然]是束出的，直到它們第一次停滯——這是第五種位置。自此它們的力量減弱，直到[再次]來到太陽附近。[當]與太陽的距離是12度時，它們在光線下；當距離是7度時，它們[進入]焦傷範圍，直到與太陽在一起。當它們離開太陽西入，在距離7度以內仍處在焦傷範圍；從那裡直到距離12度，它們在光線下；一旦它們離開光線下，只要它們順行，力量會持續增加，直到它們開始停滯並轉逆行。之後它們的力量被移除，直到它們接近太陽小於15度，在那裡它們進入光線下，隨後[它們進入]焦傷[範圍]。

月亮[相對]太陽的位置有以下十六種：

當月亮在太陽前或後16分[之內]與它結合，這是第一種。

第二種，當月亮[離開太陽]6度且西入[12]，她開始擁有一些力量。

第三種，當月亮[離開]太陽12度，直到與太陽的距離是45度，她的力量持續增加，她的[第一個]四分之一被照亮。

從那裡直到與太陽距離90度，月亮的力量仍舊繼續增加，她的一半被照亮。

至月亮與太陽相距135度，她的四分之三都被照亮。

自此直到月亮與對分太陽的位置相距12度為止，她是有力的，並在到達與太陽正對的位置之時，力量[最]大。

當她離開對分太陽的位置12度，這是第十種位置。[自此]直到她離開對分點45度為止，月亮的四分之一暗淡下去。

從那裡直到離開對分太陽的位置90度為止，月亮的光線只剩下一半。

之後直到與太陽相距45度為止，月亮的光芒只剩四分之一。

自此[她前進]直至與太陽相距12度，在那裡她進入光束下[的區域]；到與太陽相距6度時，[她處在]焦傷[範圍][13]。

要知道除去兩次在光線下，以及兩次處於焦傷[範圍]外，還剩十二種狀態。這些被稱作月亮的關鍵狀態（**Keys of the Moon**），在瞭解降雨之事時它們非常有用。

---

12 ｜ 即新月。

13 ｜ 有趣的是，整個章節中的基本框架與丹恩·魯伊爾（Dane Rudhyar）在現代提出的以每45度劃分月相週期的方法是一致的。主要的區別在於，此處對新月及滿月前後6度及12度有更詳細的劃分，當然還有月亮在核心內。[羅伯特·漢]

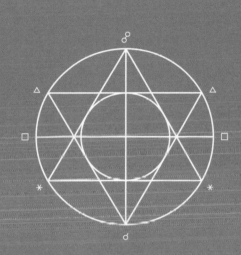

智慧的開端

第七章[1]

第七章描述行星的三十種狀態：

1. 入相位（Application）（הקרוב）

2. 會合（Conjunction）（החבור）

3. 融合（Co-mixture）（הממסך）

4. 相位（Aspect）（המבט）

5. 分離（Separation）（הפרוד）

6. 獨行（空虛）（Solitary Motion[void of course]）（הלוך בדד）

7. 野生的（Feral）（השומם）

8. [光線]傳遞（Transfer [of light]）（העתקה）

9. [光線]集中（Collection [of light]）（הקבוץ）

10. 光線反射（Return of light）（השבת האור）

11. 授予影響力（Conferring of Influence）（תת הכח）

12. 授予主管權（Conferring of Rulership）（תת הממשלה）

13. 授予自然性質（Conferring of Nature）（תת התולדת）

14. 授予兩種自然性質（Conferring of Two Natures）（תת שתי התולדות）

15. 直接（Directness）（היושר）

16. 偏移（Distortion）（העוות）

17. 阻礙（Prevention）（המניעה）

18. 返還有利[影響]（Returning of Good [Influence]）（השבה לטוב）

19. 返還有害[影響]（Returning of Harm[ful Influence]）（השבה לרע）

20. 取消（逆轉）（Cancellation[refranation]）（הבטול）

21. [三顆行星在同一星座]的情況（The case [of Three Planets in One Sign]）（המקרה）

22. 失敗（挫敗）（Loss[frustration]）（האבוד）

23. 光線剝奪（Deprivation of Light）（כריתות האור）

24. 舒適（復原）(Pleasantness[Recovery])（**הנועם**）
25. 報償（Recompense）（**התגמול**）
26. 容納（Reception）（**הקבול**）
27. 慷慨（Generosity）（**הנדיבות**）
28. 相似（Similitude）（**הדמיון**）
29. 圍攻（Besiegement，譯註：或「包圍」）（**האמצעיות**）
30. 權威（Authority）（**השררה**）

　　入相位當兩顆行星在相同星座且順行，而其中較快速行星（lighter planet）的黃道度數小於較慢速行星（heavier planet）的度數時，只要它的度數比後者小就是***入相位***。當它與[較慢速]行星在相同的[度和]分[會合]時，入相位就完成了。兩顆行星相距15度時是入相位的開始，且[它們之間]的距離越小，它們的徵象越強。以上內容同樣適用於[前文]提及的行星光線形成的七種相位（譯註：見第三章）。

　　會合當兩顆行星在相同星座，且每一顆行星都在另一顆[行星]星體的影響[容許度]之內時，稱為會合。當它們位於相同的[度和]分時，在所代表的事物上，它們的力量得以完全展現。如果一顆[行星]在另一顆的星體影響[容許度]之內，但另一顆的[星體]不在第一顆行星的影響[容許度]之內，它們代表的任何事物都將只完成一半。例如，如果月亮和土星相距8度，無論誰前誰後，它們都在各自的影響[容許度]之內。但如果它們之間相距10度，那麼土星還在月亮的影響之內，但月亮不在土星的影響之內。

　　只要較快速行星趨近與較慢速行星的會合，它就會比[從會合]離開——即便此時它[仍然]在[較慢速行星]的影響範圍之內——更具

有力量。

如果兩顆行星不在同一星座，即使它們都處在對方的影響範圍之內，也不能認為它們是會合的，因為它們在不同的星座。這是古人的觀點。但是，我，亞伯拉罕，本書的作者，與他們不同[2]，我會在《本命之書》中解釋。古人們也沒有提到星體的影響範圍對於黃道大圈上的超級[恒]星而言要如何度量。只有都勒斯（Doronius）[3]一人曾提到是四分之一個星座。但是那些專注此研究的人認為，不論對於一等恆星還是二等恆星，都以四分之一個星座來度量行星星體的影響[4]。

關於會合的解釋是，當兩顆或多顆行星結合在一起，其中一顆行星的軌道低於另外的行星，且它們都處在相對於黃道的同一度和分上，肉眼觀察時較快速行星會遮蔽較慢速行星，因為它（較快速行星）運行在（較慢速行星）之下（譯註：在托勒密地心天文學中，較快速行星的運行軌道比較慢速行星的軌道更接近地球），當它們之間沒有黃緯度數[的差距]時，這種情況就會發生，稍後我會解釋。

融合係指當兩顆行星連結且都是隨從時[5]，從它們[兩個的]特質中會產生出另一種特質。例如，土星和火星都是凶星，古人說當它們連結時代表吉象，但事實是它們相互抵消了對方的行動，因此命主得以從傷害中被解救出來。因此，它們並不代表吉象，而是代表從免受傷害中[得到]好處。

當木星與土星連結（即「大會合」[Great Conjunctions][6]，因為它們都是外行星）時，表現將取決於哪一顆行星[在這個位置有更強]

---

2 | 伊本·伊茲拉是最早的毫不含糊地贊成跨星座相位（out-of-sign aspects）的作者之一。[羅伯特·漢]

3 | 西頓的都勒斯。

4 | 利維-坎特拉的譯本在此前所有內容中只說了外行星。而拉丁文文本證實了此處的詮釋——這看起來也更合理。[羅伯特·漢]

5 | 不是發光體。

6 | 中世紀占星家所指的「大會合」是木土大會合。[羅伯特·漢]

的力量。當火星與金星會合時，它們的性質是溫和的，正如我將要
解釋的一樣。行星與太陽會合時會受到傷害，其中金星和月亮受傷
害最嚴重。土星和火星與太陽結合時會傷害它[7]，但木星和金星則會利
益[它]，不會傷害[它]。水星因為有多種運行狀態且總是在太陽附
近，所以在太陽光束下或焦傷區間內很少受到傷害。（根據古人的觀
點），當一顆行星與太陽連結時[8]，它有巨大的力量，因此他們說，對
水星而言也是如此，就好像星盤上有兩顆水星。但托勒密不同意他們
的說法，他是對的。月亮與土星和火星的會合是有害的。如果月亮在
減光時與土星會合，那會更糟；如果在增光時會合，傷害會減輕[9]。月
亮與火星[的會合]情況正相反；且當月亮擁有她[自己的]力量時，
它們（凶星）會削弱她的力量，但不會對她造成太大的傷害。

相位無論是六分相、四分相、三分相，還是對分相（如我在第三
章中所述），都在距離[等分]相位（[partile] aspect）12度時開始形
成相位，但托勒密說是6度[10]，事實的確如此。舉個例子：當一顆行星
與另一顆行星之間相距54度時，它們形成了六分相，而當它們之間
相距60[度]時，這個相位就完成了，它所代表的事項已然完成。對
於其他相位而言也是如此[11]。

分離係指較快速的行星超過較慢速的行星1度[12]，不論它們之間是
會合還是形成相位。分離的發生有兩種方式。如果分離中較快速的行

---

7 | 希伯來文中太陽是陰性的，但我們在這裡把「她」譯成「它」。[羅伯特·漢]
8 | 這裡可能指的還是核心內，即與太陽形成正合相。[羅伯特·漢]
9 | 這裡可能是一處殘存的馬特爾努斯著作中的資料，資料中其他的內容還包括：增光的月亮與日間行星連結時更
　　有利，當月亮減光時不太有利。對於夜間行星來說，情況正相反。參見下一句。[羅伯特·漢]
10 | 我們不清楚托勒密這個說法的具體出處。[羅伯特·漢]
11 | 這似乎與他在其他地方關於相位容許度的論述不一致。參見上文的**會合**。當然，關於星體的影響容許度可能
　　只適用於星體會合，而非相位。但對於這個時期的占星學來說，這是非常不同尋常的。[羅伯特·漢]
12 | 這裡不太清楚伊本·伊茲拉指的是行星間離開正相位60分，還是指它們中的一個已不在形成相位的那個度數
　　上了。[羅伯特·漢]

星與另一顆行星以會合或相位連結，那麼它將與另一顆行星融合。但如果它並未[趨近]連結另一顆行星，也沒有與之形成相位，且它與[前述]較慢速[行星]之間的距離在它的星體影響容許度之內，那麼它仍然在目前這個融合之內[13]。要解除這個融合還需要更多的[度數]。

你必須始終關注赤經上升時間相同的度數。舉例來說，當--顆行星在牡羊座10度，另一顆行星在雙魚座20度時，它們與**公平線**（the Line of Justice）[14]之間的距離都是相等的，因此可認為它們是會合的。另一種情況是，它們都在具有相同扭曲[日光]時長的度數上，例如獅子座17度和金牛座13[15]度[16]。因為它們與巨蟹座開端之間的距離相等，與摩羯座開端之間的距離也一樣[相等]。那些與牡羊座和天秤座開端距離相等的度數稱為直行會合（straight conjunction），而那些與北方點[或]南方點，即巨蟹座開端和摩羯座開端，距離相等的度數則稱為注視[17]會合（beholding conjunction）。

獨行（空虛）係指一顆行星與另一顆行星分離，不論是離開會合15度，或是離開相位6度，且這顆行星於所在星座中不會再與其他行星會合，也沒有其他行星能夠藉由任何正相位注視它。

野生的（譯註：即野性行星）係指一顆行星於所在星座中不會與[任何其他]行星形成相位，且它也沒有與[任何]行星分離。通常只有月亮會發生這種情況，因為它移動很快。

---

13 | 這是很有趣的一個觀點。根據這裡所說，如果沒有產生其他入相位的話，離相位對於較快速的行星更有影響。

14 | 係指晝夜平分線。[羅伯特‧漢補充]這是反映點。

15 | 希伯來文原文是「14」（ד"י），這可能是「13」（ג"י）的誤寫。應該是13度，與獅子座17度對應。

16 | 係指映點。[羅伯特‧漢]

17 | 與牡羊—天秤軸線等距離的星座有相同的赤經上升時間，傳統上被稱為「命令」和「服從」星座，夏季星座是命令者。與巨蟹—摩羯軸線等距離的星座有相同的日一夜時長，被稱作（相互）「注視」。

伊本‧伊茲拉用的短語是「*mah'beret nohakh* נוכח מחברת)」，意思是「對面會合」（opposition conjunction）。利維-坎特拉將它譯作「對立會合」（diametrical conjunction）。詞語נוכח也有「看見」或「意識到」之意，因此我選擇採用傳統術語，將它翻譯為「注視」。

[光線]傳遞 有兩種方式。一是較快速行星離開較慢速行星，並與另一顆行星連結或形成相位，那麼它會將第一顆較慢速行星的力量傳遞給後者。

第二種方式是較快速行星與一顆比自己慢的行星連結，然後這顆中間的行星會將較快速行星的光線傳遞給後面一顆慢速行星。

[光線]集中 係指當兩顆或兩顆以上的行星與一顆行星連結，那麼其中較慢速的行星會將所有光線集中在一起。

光線反射 有兩種形式。一是兩顆行星彼此之間沒有會合也沒有形成相位，但它們都和第三顆行星會合或形成相位，且這第三顆行星與所問事項宮位或其徵象星有相位，那麼這[第三顆]行星會將光線反射至所詢問[之事]。

第二種形式是，上升主星與所問事項的宮位主星沒有會合也沒有形成相位，或它們彼此之間已分離，那麼，如果有另外[第三顆]行星在它們之間傳遞光線，這種情形也可視為會合[18]。

授予影響力[19]係指當一顆行星在其廟宮、旺宮、擁有三分性之處、界或外觀，且它正在與另一顆行星會合或形成相位，那麼它會將其能力授予第二顆行星。

授予主管權[20]係指當一顆行星以完全友誼相位（三分相）或半友誼相位（六分相）注視另一顆行星。如此它們的融合是均衡的（和諧的）。

授予自然性質[21]係指當一顆行星與其所在位置的廟、旺、三分性、界或外觀的主星連結，那麼這顆[主星]會將它的自然性質授予該

---

18 | 意思是好像通過會合一樣，事情肯定能夠完成。
19 | 這是阿布·馬謝所說的「推進能力」（Pushing power）。參見《占星學入門節本》第三章，[31]。[羅伯特·漢]
20 | 這**可能**是阿布·馬謝所說的「推進管理」（Pushing management），但內容似乎有點混亂。參見《占星學入門節本》第三章，[34]。[羅伯特·漢]
21 | 這是阿布·馬謝所說的「推進自然性質」（Pushing nature）。參見《占星學入門節本》第三章，[30]。[羅伯特·漢]

行星。

授予兩種自然性質[22]有兩種形式。[一是]指一顆行星在其有管轄權（dominion）的星座內，且與另一顆在[相同]星座有管轄權的行星連結或與之形成相位，例如金星與木星會合在雙魚座。

第二種形式是，一顆行星與另一顆具有同樣自然性質的行星連結，如日間行星與日間行星，夜間行星與夜間行星。

直接[23]係指一顆行星位於其力量最強之處，即在四極點（始宮）之一或與之相鄰[之處]（續宮）。

偏移[24]係指一顆行星位於果宮。

禁止（Prohibition，譯註：即「阻礙」）有兩種形式。[一是]位於同一星座的三顆行星度數不一，較慢速的行星度數更大。位於中間度數的行星會阻止度數較小的快速行星與較慢速的行星連結，直到它（中間行星）經過了慢速行星。例如土星在牡羊座20度，水星在15度，金星在11度，那麼水星會阻止金星連結土星，直到它（水星）經過了[土星]，金星才會與它（土星）連結。

第二種是藉由相位的形式，即兩顆行星在同一星座，其中較快速的行星正與較慢速的行星連結，同時有另一顆行星以相位注視較慢速的行星。那麼，只要該星座中的行星（較快速的行星）與注視者在相同度數，它就會阻止注視者並破壞其行動。如果注視者的度數更接近[正]相位，那麼連結中的行星（譯註：較快速的行星）就無法阻止它。

返還有利[影響] 關於返還的方式如下：一顆行星與另一顆在太陽光束下的行星會合，或[與之]形成相位，但那顆行星因為其虛弱的

---

22 | 這是阿布‧馬謝所說的「推進兩種自然性質」（Pushing two natures）。參見《占星學入門節本》第三章，[32]。[羅伯特‧漢]
23 | 阿布‧馬謝稱為「前進」（Advance）。[羅伯特‧漢]
24 | 阿布‧馬謝稱為「退縮」（Retreat）。[羅伯特‧漢]

狀態而無法接收（接受）光線，因此第一顆行星的光線被返還了。另
一種方式是行星與一顆逆行的行星[形成相位]，那麼不論後者接收到
什麼，都會將其返還。

返還有利影響有三種形式。一是擁有被返還的影響的行星[同時
也]容納給予者[25]。第二種形式是較快速的行星順行，而較慢速的行星
被焦傷、在光束下或逆行。第三種是返還光線的行星位於下降的宮
位[26]，同時給予光線的行星落在四極點之一或與之相鄰的[宮位]。

返還有害[影響] 與[上文]提到的三種情況正相反。

取消（逆轉） 係指一顆行星位於另一顆行星的影響[容許度]內，
但是在它與它於同度同分連結之前它轉為逆行。

三顆行星在同一星座的情況[27] 係指一顆行星速度較快且度數較
大，第二顆行星比它慢且度數較小，第三顆行星比第一顆行星速度更
快，且正在與第二顆較慢速的行星連結。[但]第一顆度數較大的行星
折回並與較慢速行星連結。

失敗（挫敗） 係指同一星座中[一顆行星]即將與另一顆行星連
結，但在它們連結之前，其中的慢速行星已變更星座並在那裡與另一
顆行星連結。

光線剝奪 有三種形式。一是較快速的行星與比它慢速的行星在
同一星座中連結，這顆較慢速的行星又與另一顆更慢的行星連結。在
[第一顆]較快速的行星與較慢速的行星連結之前，在下一個星座的行
星逆行進入慢速行星所在星座並與它連結，因而切斷了來自第一顆行
星的光線。

---

25 | 此處誰是給予者，誰是接收者，文獻並不十分清楚。
26 | 即現代意義上的果宮。[羅伯特·漢]
27 | 這是阿布·馬謝所說的「阻礙」（Resistance）。參見《占星學入門節本》第三章，[44]。[羅伯特·漢]

第二種形式是，較快速的行星與較慢速的行星在同一星座中連結，且較慢速的行星與一顆[更]慢速的行星連結。在第一顆行星到達第二顆行星之前，[第二顆行星]先與第三顆行星[連結]並超越了它，因而它切斷了來自第一顆行星的光線。

第三種形式是一顆行星與另一顆非[詢問事項]所需的行星連結。

舒適(復原)[28] 係指一顆行星落在缺陷度數或劣勢位置[29]，另一顆行星正在與它連結，或者它正與另一顆行星連結，並且那顆行星是它的友好行星或廟主星，或於它所在星座擁有[其他]管轄權，那麼這顆行星可以把它從缺陷度數或劣勢位置中解救出來並安撫它，使它舒適。

報償 係指第一顆行星把第二顆行星從缺陷度數或必然無力狀態中解救出來後，再次與第二顆行星形成相位，並且[此時]第一顆行星落入了缺陷度數或必然無力狀態，那麼那顆[曾經被解救的行星]會把它解救出來。

容納 係指當一顆行星與它的廟主星、旺主星、三分性主星、界主星或外觀主星之一連結時，不論是會合還是形成相位，它都被那顆主星容納。或當一顆行星與[另一顆]行星連結，且第二顆行星落在第一顆行星的廟宮或者旺宮，那麼這也是容納。只不過當第二顆行星落在第一顆行星擁有三分性之處、界或外觀時，是不完全的容納，除非同時存在兩種主管關係，三分性與界，或三分性與外觀。三分相與六分相也是容納，兩顆行星落在兩個赤經上升相同的度數上也是容納。吉星可以被[另一顆]吉星容納，因為它們的特質是直接的（相似的）。土星和火星只有在會合、形成六分相或三分相時才會容納對

---

28 ｜ 阿布·馬謝稱為「恩惠」（Favor）。[羅伯特·漢]
29 ｜ 希伯來文文本此處並未明確「劣勢位置」所指，看起來像是至高點對面的位置，但是其他文本顯示，他指的是行星入弱的位置——與入旺位置相對。另一方面，這也可能是關於必然無力（debility）的通用術語。[羅伯特·漢]

方，其他相位則不能。

容納可分為強有力的、中等的及虛弱的。月亮與太陽形成的容納總是強有力的，由於她的光芒來自他，因而她在所有的星座上都可以容納他。但若[容納]來自對分相，那麼將會有很多辛苦和麻煩。如果太陽在她有管轄權的星座上，則是雙重容納，就像水星容納一顆落在處女座的行星，因為處女座既是水星的廟宮，也是它的旺宮，這就是完全容納。來自廟主星的容納是中等的，來自三分性、界或外觀主星的容納則是虛弱的。

慷慨[30] 係指兩顆行星落在彼此的廟宮、旺宮或有其他尊貴力量的位置。即使彼此之間沒有連結或形成相位，它們之間[仍舊]有容納。

相似 係指陽性行星在日間盤中位於地平線上，且落在陽性星座和陽性度數上，以及陰性行星在夜間盤中位於地平線上，或在日間盤中位於地平線下，且落在陰性星座和陰性度數上。如果情況相反，那麼這顆行星代表的一切都是不恰當的。

中間位置（Middle Position，譯註：即「圍攻」「包圍」）係指當行星離開一顆凶星並與[另一顆]凶星會合或形成相位，或當一顆吉星或凶星落在它之前的星座上，而另一顆行星落在它之後的星座上。如果太陽與兩顆凶星之間的行星形成相位，會大大減輕圍攻造成的傷害。

權威[31] 三顆外行星如果相對於太陽東出[32]，自它們被看見的時刻開始，直到與太陽形成六分相為止，它們都擁有最高權威。從那裡直到與太陽形成四分相為止，它們的權威降低。自四分相到第二次停滯

---

30 | 這一段的標題是「*nedavot*」或「*nedivut*（נדבות）」，意思是「慷慨」。[羅伯特‧漢補充]這是現代意義上的互容。在大多數中世紀文獻中，互容要求兩顆行星彼此間*有相位*，且都落在對方有同等尊貴力量的位置。在此處以及阿布‧馬謝的《占星學入門節本》中，我們發現這種不要求有相位的互容是一種單獨的互容，稱為「慷慨」。這可能是一個值得恢復的術語。

31 | 這也可以理解為「力量」或「能力」。

32 | 參見第四章註解8。

狀態，它們完全沒有權威。如果這些行星相對於太陽東出且相對於月亮西入，那麼沒有比這更高的權威了。[至於]二顆內行星，它們自日落之後在西方天空被看見起，才開始有權威。金星和水星的權威一直持續到它們開始逆行為止。當它們相對於太陽西入並相對於月亮東出時，才擁有最高的權威。直到月中[33]為止月亮都具有權威。

　　托勒密認為，如果行星所在星座與太陽或月亮所在星座的距離，與在[適當]的部分中它們的[黃道]廟宮星座之間的距離（譯註：即行星在太陽半球的廟宮到獅子座的距離，或行星在月亮半球的廟宮到巨蟹座的距離）相同，那麼這顆行星有極大的力量[34]。

---

33 ｜猶太太陰月，即滿月。
34 ｜這就是所謂的「合適的外觀」或 Almugea。

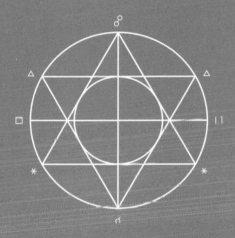

智慧的開端

第八章[1]

第八章[包含]了有關本命盤、週期盤和卜卦盤的一百二十條占星判斷法則。

1）當月亮靠近地球且快速行進時，她會更[頻繁]地與行星融合，將她的能力授予它們，但沒有行星能授予她能力。因此，她可以將一顆行星的光線傳遞給另一顆。她就像一個新生兒，她的光線會逐漸增加直至滿月，隨後再逐漸減少，直到消失於世界，無法被看見。因此，古人都認為她代表所有事物、思緒以及所有活動的開始。若她有力量且在好的狀態，那麼任何在這一時刻開始的事業都會成功。若她與凶星在一起則相反。據說，你應該以上升星座及其主星作為[問題的]詢問者，以第七宮及其主星作為所詢問事項，並往往將月亮作為共同主星同它一併考量[2]。

2）如果月亮獨行（空虛），意味著事情是徒勞的，提問者所問的任何事情都不會實現[3]。

3）月亮即將會合或形成相位的行星代表未來的事情和提問者希望得到的一切。如果這顆行星是吉星，則[結果會是]好的，但如果是凶星，那麼[結果將是]不好的。

4）月亮離開的[行星]代表已經發生的事。因此，如果她從與吉星的會合或相位離開，那麼已發生的那件事是好的；如果離開凶星，那麼[那件事是]糟糕的。

5）如果月亮將她的能力授予落在有力位置的行星，那麼事情會順利完成；如果[那顆行星]是虛弱的，則情況相反。

6）任何行星將能力授予另一顆行星時情況都是如此。因為[所

---

2 | 不論文中的含義是什麼，通常的做法是把月亮作為提問者，而非所問事項的共同代表因子。[羅伯特·漢]

3 | 與伊本·伊茲拉之前和之後的其他作者相比，這是一個關於月亮空虛的更加嚴苛的觀點。參見馬謝阿拉的著作《論容納》（*On Reception*）。[羅伯特·漢]

問]之事的[未來的完成情況]將取決於光線接收者的力量。

7）一天中，當月亮和凶星在一起時，命主詢問的任何事項都無法適當地完成。若一顆行星[4]位於上升星座且月亮落於極點之一是不好的，因為這代表頭腦中的恐懼和身體上的疾病；若月亮在果宮，則只代表恐懼而不代表疾病。

8）行星有兩種類型：吉星與凶星。因此，每一個有吉星的位置都象徵吉祥，如果是凶星在此，情況則相反。

9）吉星是正確及有益的，無論它們是否被容納；如果被容納，一切會更好。凶星有破壞性，但如果它被一顆[吉]星容納，其凶性會減輕。當吉星與[凶星]形成六分相或三分相時，情況也是如此。

10）根據行星星體的[光線]容許度，在凶星的光線[容許度]影響它之前，行星不會受到傷害[5]。如果小於此[6]，意味著傷害很小。離相位之後，即使只離開一度或多一點，都會引起無法意識到的恐懼。對於吉星和[之後所求]事項的徵象星來說也是如此。如果它沒有與上升星座形成相位，則所希求[之事]將不會實現。

11）當吉星與凶星形成相位時，它們會減輕凶星的傷害。

12）吉[星]總是象徵吉祥，而凶星則象徵凶險。只有當它（凶星）處於極為有力的狀態時，才會象徵吉祥，只不過會伴隨著努力和痛苦。

13）當吉星落在與其自然屬性相反的[位置]，或落陷、入弱，或落在與上升星座沒有相位的果宮，表示它們根本無法帶來吉象。

14）在同樣的情況下，凶星帶來的傷害也不大。

---

4 ｜ 正文中的詞「*kohav*（כוכב）」意思是星辰或行星，但一個註腳稱，一份（用於本書）的手稿中是「*kohav hama*（כוכב חמה）」——這個詞更合理。

5 ｜ 拉丁文文本如下：「根據行星的星體影響力，在凶星的光束到達之前，行星不會被描述為受傷害的。」[羅伯特·漢]

6 ｜ 係指距離越大，導致的傷害越小。

15）若吉星有力且它在本命盤的主管關係中是單獨的（it is alone in the rulership of the nativity，譯註：含義不詳），它帶來的好處是巨大的。

16）當木星與凶星形成相位時，它會改變凶星的性質，使之變為有益的。但除非有木星的幫助，否則金星沒法改變土星的性質。因此，木星可以消除土星的傷害，而金星可以消除火星的傷害，[甚至]比木星[做得]更好。

17）當吉星和凶星落在不利位置或被焦傷時，它們代表劣等的東西，既不行善也不作惡，因為它們很虛弱。

18）當一顆凶星相對太陽東出、有力、在有管轄權的星座，且與其他凶星沒有相位時，它比一顆被焦傷或逆行的吉星要好。

19）當凶星是所問事項的代表因子，且上升主星與它們連結，月亮與它們[形成]四分相或對分相時，如果所問之事發生，那麼結果是糟糕的。

20）當凶星落在上升星座並在那裡有某種管轄權時，它的傷害會減輕；如果它是逆行的，則會凶上加凶。

21）如果凶星以四分相或對分相注視吉星，它的吉象[7]會減少。

22）當凶星落入它主管的位置且在極點之一或相鄰處[續宮]時，它的影響類似吉星[的影響]。

23）當凶星在其所落位置是個陌生人（外來的）時，它的凶性會增加。

24）當凶星落在極點之一，或以四分相或對分相注視另一顆行星時，它的傷害是完全的，即使它(形成相位的行星)比[凶]星更強有

---

7 | 即吉星的吉象。[羅伯特・漢]

力。[如果形成的相位]是三分相或六分相,那麼傷害會減輕。

25) 如果凶星是所問之事的代表因子,表示事情會延遲且無法實現,除非伴隨著痛苦和憂慮。

26) 如果一顆凶星將它的能力給予[另一顆]凶星,會凶上加凶;如果一顆吉星[將它的能力給予]另一顆吉星,則會吉上加吉。如果一顆凶星[將它的能力給予]一顆吉星,事情會由凶轉吉;如果一顆吉星[將它的能力給予]一顆凶星,事情則會由吉轉凶。

27) 每一顆入廟或在旺廟宮[8]的行星,無論它是吉星還是凶星,都表示吉象。

28) 任何[位於]星座起始點至5度以內的行星都是虛弱的。同樣地,如果行星距離一個宮位[宮始點之前]小於5度,那麼它就在這個宮位的影響力[之內];如果大於[那個度數],它在這個宮位影響力[之外]。

29) 任何[位於]宮位的宮始點至其後15度之間的行星都有巨大的力量。

30) 如果行星落在凶星的極點之一[9],[甚至是]離開一度,也會引發恐懼,但不會表現出行為上的[傷害]。

31) 行星在果宮,代表憂慮、痛苦和艱辛。

32) 行星逆行,表示對所希求之事的對抗和破壞。

33) 行星在第一次停滯狀態,就像一個不知道要做什麼的人,結果也是不利的。當行星第二次停滯,就像一個有憧憬且不會失去希望的人。

---

8 | 「旺廟宮」(Domicile of exaltation) = 旺宮星座。[羅伯特・漢]

9 | 不太清楚這裡是否指與凶星的會合、四分相或對分相,或者句子中是否有缺失的內容。[羅伯特・漢補充]拉丁文文本沒有添加任何內容。可能原文就是正確的,它確實指與凶星形成的四分相和對分相。

34）行星在行進中減速，[所問]之事無論好壞都會延遲；如果木星或土星落在改變星座，它們會使事情加快。

35）行星落在星座的末端會失去力量，它所有的能力在它要進入的[下一個]星座中。如果行星在星座的第29度，它的影響力仍在這個星座中，因為行星的影響力在3度以內——它所在的度數及其前後各1度。

36）若行星即將與另一顆行星連結，在它們完成連結之前，第二顆行星進入了下一個星座，在那裡第一顆行星追上了它，並且在此之前沒有其他行星與第二顆行星連結，那麼所問之事將在絕望之後得以完成。

37）若一顆行星與另一顆行星形成相位，而後者在較快速的行星追上它之前已從它所在位置離開，這種情況不會造成傷害，因為相位不會消除星體的能力[10]。

38）如果行星落在[元素]屬性相同的星座，它的能力會增加；如果在屬性相反的星座，就會減弱。[一個例子]就是土星在冷和乾的廟宮。

39）吉星被容納則力量增加，凶星被容納則凶性減低。

40）行星落在沒有任何主管關係的位置，且在第六宮或第十二宮是不好的。

41）當行星在光束下且是外行星之一時，它沒有力量，對於內行星來說也是如此。如果它們還逆行的話，那就是最糟糕的。

42）如果徵象星是逆行的，但之後會轉順行，表示事情會部分[完成]。當行星在光束下但之後會離開光束時，也是如此。

---

10 │ 這個判斷法則似乎是前一個的延續，但意思不完全清晰。[羅伯特·漢補充]這個判斷基於一個事實，即星體間的會合比相位更有力。

43）吉星落在缺陷度數上，它的吉象會減少；若是凶星，則凶象會增加。

44）吉星落在第八宮，表示不好也不壞；但如果是凶星，則代表完全的傷害。

45）當行星處在[即將]逆行的停滯期，表示期望的[事件]無法實現，[並且]有困難和損失。若它順[行]，代表有利的事件，且它的能力將[持續]順向[前進]。

46）如果[星座中]行星[所在]十二分部的影響處在一個良好的位置[11]，吉象會增加。

47）行星在固定星座，代表一切延續而持久的事物。行星在改變[星座]，表示事物會變化。若行星在雙體星座，代表事物的一部分會持續或事物將重複兩次。

48）當接收影響的行星落在不佳的位置上時是不利的。

49）當上升星座主星入陷時，[命主]並不完全期待所問之事。

50）當[行星的]影響與吉星和凶星都有連結時，力量更強的行星的特質會顯現出來。

51）當上升主星將它的能力授予所問[事項的]宮主星時，[命主]對事情有極度渴求[並會完成它]；若所問之事主星授予上升主星以能力，事情不需努力即可[完成]。

52）若有一顆行星在它們之間形成阻礙，代表有人擋在命主和所問之事之間。

53）若上升主星正在與所希求之事的主星分離，命主[對事情]的渴望會消散。

---

11 | 可能相當於在一個與行星親和（affinity）的星座或它的廟宮。

54）如果沒有行星與月亮形成相位[12]，這種情況代表懶散（拖延）。

55）當有很多行星與月亮形成相位時，命主在事情的完成上得到的協助很多。

56）當一顆行星傳遞上升主星的[影響]給所問之事的主星時，事情將通過中間者實現。

57）若上升主星落在它[自己]的三分性宮位（星座），且[其他]三分性主星與它形成相位，則命主的親屬會幫助他。

58）若一顆行星[處在]我們曾提及的光線集中（或傳遞）的路徑上，代表事情將在絕望後得以[完成]。

59）若代表因子處在授予能力[的位置]，代表事情會像期待的那樣實現。

60）若代表因子處在授予主管權[的位置]，代表事情會被揭露給他人。

61）代表因子證明：若它處在授予自然性質[的位置]，表示該事物多歡樂。

62）代表因子證明：若它處在授予兩種自然性質[的位置]，表示渴求該事物之人以及被求之人的歡樂。

63）代表因子證明：若它在[極點之一或相鄰的宮位][13]，表示所期待的一切有美好的結局。

64）代表因子證明：若它偏移[14]，表示[命主]會放棄所問之事。

65）代表因子證明：若它處在禁止的情況下，表示事物會在被期待之後遭毀壞。

---

12 ｜這與月亮空虛不同。這裡僅單純表示月亮在所處位置上沒有相位。[羅伯特·漢]
13 ｜這個短語替代了「yosher (יושר)」一詞，且取自第七章的相應標題。
14 ｜如第七章所列示，係指行星位於果宮。

66）代表因子證明：若它的光線是倒退的，表示詢問者後悔謀求此事。

67）代表因子證明：若它處在取消的情況下，表示可能存在會破壞所問之事的情形。

68）代表因子證明：若出現[三顆行星在同一星座][15]的狀況，表示有些干擾詢問[16]的事情會發生。

69）代表因子證明：若它處於星座的末度數，表示詢問者會尋求另一個諮商（譯註：參見第35條）。

70）代表因子證明：若它處在光線剝奪的情況下，代表有人會破壞所求之[事]。

71）代表因子證明：若它處在舒適的情況下，代表有人會幫助他。

72）代表因子證明：若它處在報償的情況下，代表那個人還會幫助其他的人。

73）代表因子證明：若它處在互容的情況下，代表一個意料之外的事情會出現。

74）代表因子證明：若它處在慷慨的情況下，代表詢問者與所問之人或事物彼此相愛。

75）代表因子證明：若它處在相似的情況下，代表可能發生的每一件好事。

76）代表因子證明：若它處在凶險的中間位置（被圍攻），代表監禁和折磨；若處於好的中間位置（在吉星之間），則代表最大的獲益。

77）代表因子證明：若它在擁有主管權的位置，代表高等級。

78）對於七顆行星而言，當它們位於自己的位置（廟宮）時，[法

---

15 ｜ 這個短語取自第七章的相應標題。
16 ｜ 不太清楚是指所問之事，還是占星問卜會被干擾。

則是]：當行星入廟，就像一個人在自己的家裡。

79）行星入旺，就像一個人處於最尊貴的地位。

80）行星在它的界，就像一個人在自己的住所（residence）[17]。

81）行星落在它擁有三分性之處，就像一個人和他的親屬在一起。

82）行星落在它的外觀，就像一個人有[漂亮]的裝飾和衣服。

83）行星處於它的最高位置，就像一個人騎在自己的馬上。

84）行星在它的相似狀態，就像一個人[在處理]恰當的事情。

85）行星在它的非相似狀態，就像一個人[在處理]不恰當的事情。

86）行星落陷就像一個人在和自己戰鬥。

87）行星落在沒有任何管轄權之處，就像一個人不在自己的國家。

88）行星入弱就像一個人從高位墜落。

89）行星在太陽光束下就像一個人在監獄裡。

90）被焦傷的行星就像一個瀕死的人。

91）即將逆行的行星就像一個恐懼的人，害怕即將到來的逆境。

92）逆行的行星就像一個造反者、對抗者。

93）處在第二次停滯的行星，就像一個人在期待好的[狀況]。

94）行星速度減慢就像一個精疲力竭的人，沒有力氣繼續行走。

95）快速運動的行星就像一個奔跑的年輕人。

96）行星東出就像一個人充滿快樂去實現他的願望。

97）行星西入就像一個懶散的人。

98）與太陽會合的行星，就像一個與國王坐在同一把椅子上的人。

99）正在入相位的行星就像一個人正在尋求他想要的[東西]。

100）正在分離的行星就像一個人對事情改變了想法。

---

17 ｜ 拉丁文文本此處是「座位」。[羅伯特・漢]

101）位於極點的行星就像一個人呆在他自己的位置。

102）位於相鄰[宮位]的行星就像一個心懷期待的人。

103）位於下降的宮位的行星，就像一個人正在遠離[自己的]位置。

104）會合的行星就像兩個人連結在一起。

105）[彼此間]形成六分相的行星就像彼此尋求友誼的人。

106）當行星彼此間形成三分相，就像兩個人具有相同的特質。

107）當行星彼此間形成四分相，就像兩個人都在尋求自己的權威。

108）當行星彼此間形成對分相，就像兩個人在激烈地爭鬥。

109）行星在上升星座，就像一個已離開母親子宮的新生兒或那一時刻的事情。

110）行星在第二宮就像一個人在助手的家中。

111）行星在第三宮就像一個人在拜訪他的兄弟。

112）行星在第四宮就像一個人在他祖先的房子裡，或在他的土地上。

113）行星在第五宮就像一個人在生意裡或在快樂中。

114）行星在第六宮就像一個虛弱的人在奔跑。

115）行星在第七宮就像一個準備戰鬥的人。

116）行星在第八宮就像一個被恐懼和害怕打擊的人。

117）行星在第九宮就像一個被流放的人，或一個從高位被撤職的人。

118）行星在第十宮就像一個有著權威、尊嚴和專業的人。

119）行星在第十一宮就像一個人在朋友們的家中。

120）行星在第十二宮就像一個人在監獄裡。

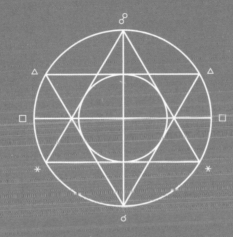

智慧的開端

第九章[1]

第九章[介紹]了行星的特殊點和宮位[的特殊點]，共有九十七個
（譯註：原文如此）。

行星的特殊點[2]

月亮點（*Lot of the Moon*）從月亮在其星座內所處的均等[3]度數中
減去太陽在其星座內所處的均等度數，把兩者的差加到上升度數上。
此特殊點所落的位置就稱作幸運點（Lot of Good Fortune）。如果
命主是日生人，你便這樣計算。如果命主是夜生人，則要以太陽所落
位置減去月亮所落位置，冉把兩者的差加到上升度數上，這才是幸運
點所在。這是古人的觀點，但托勒密不認同，他認為不論是日間盤還
是夜間盤，應該始終以月亮所落位置減去太陽所落位置。他是對的[4]，
因為幸運點與月亮的關係就像上升星座與太陽的關係一樣，也因此幸
運點被稱作月亮的上升星座。印度占星家馬謝阿拉[5]在他的《實驗之
書》（*Book of Experiments*）[6]中稱，夜間盤中的神秘（精神）點（Lot
of Mystery[Spirit]）[7]比幸運點更強，因此無意間又回到了托勒密的

---

2 ｜原文此處沒有標題。[羅伯特·漢]

3 ｜指黃道的，而不是赤道座標系的。參見本章最後一段作者的論證，伊本·伊茲拉在《緣由之書》中重複了此觀點。

4 ｜儘管伊本·伊茲拉的立場符合邏輯，但他的觀點還是少數派。[羅伯特·漢]

5 ｜馬謝阿拉不是印度占星家。事實上他和伊本·伊茲拉一樣是猶太人。這不由得讓人想瞭解，在這部著作中還有
多少對印度的溯源應該受到質疑。[羅伯特·漢]

6 ｜我不知道這會是目前已知的哪一部馬謝阿拉的著作——如果它是的話。[羅伯特·漢]

7 ｜此處希伯來詞語是「*ta'aluma*（תעלומה）」，意思是神秘的，也暗指隱藏或消失的東西。現在它被稱為精神點。
[羅伯特·漢補充]精神點還有一些其他的名字，這些名字初聽起來似乎有些奇怪，但有助於闡明這個原本定義
不清楚的點。基於此的核心哲學事實是，星盤的許多組成部分可以被歸類為與構成事物的物質實體有關，或
與其構建所依據的形式原則有關。這與亞里士多德的四因說（Aristotelian doctrine of the four causes），即
質料因（material）、形式因（formal）、目的因（final）和動力因（efficient）相關。根據亞里士多德的理論，
生物以它們的（趨向其成長和進化的）**目的**因來呈現它們的**形式**因。因此，一個生命的物質實體想要朝著（如
同其目的因一樣）其形式或本質最接近完美的可能表現而成長。這種形式因與目的因之間的聯繫，使得占星學
中與形式相關的一切事物也同樣與其未來發展相關聯。
幸運點與精神點在占星學中就是一對質料—形式，幸運點與個人存在的物質層面有關，而精神點則與個人
存在的形式—目的層面有關。因此我們可以發現，精神點也稱未來之事點（Lots of Future Things [Pars
Futurorum]）。可能正是出於同樣的原因，它也被認為是神秘的，因為它關乎不可知的未來——在未來某些
事物的完美（或至少近似完美的）形式作為其目的因得以呈現，因此得名神秘點。

觀點[8]。幸運點代表身體、生活、財富、成功、良好的聲譽、所有行動的開始，以及腦海裡的任何想法。

太陽點（*Lot of the Sun*）日間盤中以太陽所在位置減去月亮所在位置，再把兩者的差加到上升度數上，所落之處就是神秘（精神）點。如果[命主是]夜生人，則以月亮所在位置減去太陽所在位置，再把兩者的差加到上升度數上，你就會發現此特殊點。這是古人的觀點，但托勒密認為[9]，在日間盤和夜間盤中，這個點的[計算方法]是一樣的。的確如此。這個特殊點代表靈魂、對上帝的敬拜，以及一切神秘和崇高的事物。

土星點（*Lot of the Saturn*）將土星所在位置與幸運點度數之間的距離加到上升度數上，這就是日生人的土星點。如果命主是夜生人，計算方式相反。這個特殊點代表深思熟慮、在土地上工作（耕作）、損失、偷竊、貧窮、監禁、關押，以及死亡。

木星點（*Lot of the Jupiter*）日間盤中將神秘（精神）點與木星之間的距離加到上升[度數]上，就得到此特殊點。夜間盤計算方式則相反。這個特殊點代表真相、善行、智慧、榮耀、好名聲和金錢。

火星點（*Lot of the Mars*）日間盤中將火星到幸運點之間的距離加到上升度數上，夜間盤則相反，就得到此特殊點。它代表武力、威力、憤怒、迅捷和叛變。

金星點（*Lot of the Venus*）日間盤中計算幸運點至神秘（精神）點之間的距離，夜間盤則反之，把此距離加到上升度數上，就得到此特殊點。它代表愛、喜樂、歡愉、食物、飲酒、性欲和性交。

水星點（*Lot of the Mercury*）日間盤中計算神秘（精神）點至幸運

---

8 │ 夜間盤的精神點公式是上升＋月亮 - 太陽。

9 │ 事實上托勒密從未提及精神點。幸運點是他唯一提過的點。這是托勒密幸運點理論的部分問題。

點之間的距離，夜間盤則反之，把此距離加到上升度數上，就得到此特殊點。它代表貧窮、敵意、敵對[10]、協商、數學和知識。

宮位特殊點

第一宮有三個特殊點：

第一個是***生命點***（*Lot of Life*），日間盤計算自木星至土星的距離，夜間盤反之，再把此距離從上升度數投射出去。

第二個是***身材和容貌點***（*Lot of Stature and Beauty*），日間盤取自幸運點至神秘（精神）點的距離，夜間盤反之，再把此距離從上升[度數]投射出去。此特殊點類似金星點。

第三個是***智力和言論點***（*Lot of Intelligence and Speech*），日間盤取自水星至火星的距離，夜間盤反之，再把此距離從上升[度數]投射出去。

第二宮有三個特殊點：

第一個是***財富點***（*Lot of Wealth*），日間盤和夜間盤均取自第二宮主星至根據當地緯度計算的第二宮宮始點之間的距離，再從上升[度數]投射出去。

第二個是***出借點***（*Lot of Lending*）[11]，日間盤和夜間盤均取自土星至水星的距離，再從上升[度數]投射出去。

第三個是***尋[物]點***（*Lot of Finding [things]*），日間盤取自水星至金星的距離，夜間盤反之，再把此距離從上升[度數]投射出去。

第三宮有三個特殊點：

第一個是***兄弟點***（*Lot of Brothers*），日間盤和夜間盤均取自土星

---

10 | 儘管把這個特殊點與水星相關聯似乎很奇怪，但對此我們還有其他資料來源，例如比魯尼和波那提。
11 | 希伯來文 *halva'a*（הלואה）既可以理解成借出也可以理解成借入。

至木星的距離，再從上升[度數]投射出去。

第二個是**兄弟數目點**（*Lot of Number of Brothers*），日間盤和夜間盤均取自水星至土星的距離，再從上升[度數]投射出去。

第三個點是**兄弟死亡點**（*Lot of Death of Brothers*），日間盤取自太陽至以所在地緯度[12]計算的中天度數之間的距離，夜間盤反之，再把此距離從上升[度數]投射出去。

第四宮有七個特殊點：

第一個是**父親點**（*Lot of Father*），日間盤取自太陽至土星的距離，夜間盤反之，再把此距離從上升[度數]投射出去。如果土星在太陽光束下，則日間盤取自太陽至木星的距離，夜間盤反之，再把此距離從上升[度數]投射出去。

第二個是**父親死亡點**（*Lot of Death of Father*），日間盤取自土星至木星的距離，夜間盤反之，再把此距離從上升[度數]投射出去。

第三個是**祖父點**（*Lot of Grandfather*），日間盤取自太陽所在宮位主星至土星的距離，夜間盤反之，再把此距離從上升[度數]投射出去。如果太陽入廟或入在土星的廟宮之一，則日間盤取自太陽至土星的距離，夜間盤反之，再把此距離從上升[度數]投射出去；[在這種情形下]你無須擔心它（土星）是否在太陽光束下。

第四個是**家族點**（*Lot of Lineage*），日間盤取自土星至火星的距離，夜間盤反之，再把此距離從上升[度數]投射出去。

第五個是**財產（土地）點**（*Lot of Property [land]*），日間盤和夜間盤都取自土星至月亮的距離，再從上升[度數]投射出去。

第六個是**土地耕種點**（*Lot of Cultivation of the Soil*），日間盤和

---

12 ｜ 中天對緯度不敏感，只對經度敏感。

夜間盤都取自金星至十星的距離，再從上升[度數]投射出去。

第七個是**結束點**(*Lot of End*)[13]，在日間盤和夜間盤中，如果命主出生在[太陰]月的上半月，則取自土星至發光體會合（新月）星座之主星的距離，如果命主出生在[太陰]月的下半月，取自土星至對分（滿月）星座之主星的距離，再把此距離從上升[度數]投射出去。

第五宮有五個特殊點：

第一個是**子女點**（*Lot of Child*）[14]，日間盤取自木星至土星的距離，夜間盤反之，再把此距離從上升[度數]投射出去。

第二個是**子女出生時間點**（*Lot for the Time the Child is Born*），無論命主是男性還是女性，日間盤和夜間盤都取自火星至土星的距離，再從上升[度數]投射出去。

第三個是**兒子點**（*Lot of Male Children*），日間盤和夜間盤都取自月亮至木星的距離，再從上升[度數]投射出去。

第四個是**女兒點**（*Lot of Daughters*），日間盤和夜間盤都取自月亮至金星的距離，再從上升[度數]投射出去。

第五個是**詢問性別點**（*Lot of the Question Whether Male or Female*），日間盤取太陽所在宮位主星至月亮的距離，再把此距離從上升[度數]投射出去[15]。

第六宮有三個特殊點：

第一個是**疾病和殘疾點**（*Lot of Diseases and Handicap*），日間盤取自土星至火星的距離，夜間盤反之，再把此距離從上升[度數]投

---

13 |「事情的結束」或「生命的結束」。

14 | 詞語 *haben* (הבן) 意思是「兒子」，但下文中關於男性和女性子女點的區分顯示此處應泛指孩子。[羅伯特·漢補充]其他來源也證實了這一判斷。

15 | 無論是希伯來文文本還是拉丁文文本，都沒有說明夜間盤怎麼計算此點。阿布·馬謝在《占星學入門節本》第六章[27]中告訴我們，夜間盤計算與日間盤相反。[羅伯特·漢]

射出去。

第二個是**奴僕點**（*Lot of Slaves*），日間盤和夜間盤都取自水星至月亮的距離，再從上升[度數]投射出去。

第三個是**監禁和關押點**（*Lot of Prison and Captivity*），日間盤中計算太陽所在宮位主星至太陽的距離，夜間盤中計算月亮所在宮位主星至月亮的距離，再把此距離從上升[度數]投射出去。

第七宮有十三個特殊點：

第一個是**男女婚姻**[16]**點**（*Lot of Marriage for [both]Men and Women*），日間盤和夜間盤都取自金星至下降度數之間的距離，再從上升位置投射出去。

第二個是**男性婚姻點**（*Lot of Marriage in the Nativity of Men*），根據以諾的說法，日間盤和夜間盤都取自土星至金星的距離，再從上升位置投射出去。瓦倫斯則認為，日間盤和夜間盤都取自太陽至金星的距離，再從上升位置投射出去。

第三個是**結婚時間點**（*Lot of the Time of Marriage*），日間盤和夜間盤都取自太陽至月亮的距離，再從上升位置投射出去。

第四個是**婚內通姦點**（*Lot of Adultery in Marriage*），日間盤和夜間盤都取自太陽至月亮的距離，再從金星所在度數投射出去，就是此特殊點所在[17]。

第五個是**端莊點**（*Lot of Modesty*），日間盤和夜間盤都取自月亮至金星的距離，再從上升位置投射出去。

第[六個]是**女性墮落點**（*Lot of Prostitution of Women*），日間盤

---

16 ｜ 這裡的希伯來文 *be'ilut* (בעילות) 也表示「性交」。詞語 *ba'al* (בעל) 意思是「丈夫」、「主人」，也是男人與女人——通常指在婚姻中——發生性關係的動詞詞根。

17 ｜ 這是一個非從上升點投射出去的特殊點。[羅伯特·漢]

和夜間盤都取自金星至土星的距離，再從上升位置投射出去。

第七個是**男性通姦點**（*Lot of Male Adultery*），日間盤和夜間盤都取自太陽至金星的距離，再從上升位置投射出去。

第八個是**女性通姦點**（*Lot of Female Adultery*），日間盤和夜間盤都取自月亮至火星的距離，再從上升位置投射出去。

第九個是**男性墮落點**（*Lot of Prostitution of Males*），日間盤和夜間盤都取自太陽至金星的距離，再從上升位置投射出去。

第十個是**性交[點]**（*[Lot of] Intercourse*），日間盤和夜間盤都取自月亮至火星的距離，再從上升位置投射出去。

第十一個是**[性]欲點**（*Lot of [Sexual] Desire*），日間盤和夜間盤都取自月亮至火星的距離，再從上升位置投射出去。

第十二個是**爭吵點**（*Lot of Quarrels*），日間盤和夜間盤都取自火星至木星的距離，再從上升位置投射出去。

第十三個是**新郎點**（*Lot of Bridegrooms*），日間盤和夜間盤都取自土星至金星的距離，再從上升位置投射出去。

第八宮有五個特殊點：

第一個是**死亡點**（*Lot of Death*），日間盤和夜間盤都取自月亮所在度數至以所在地緯度計算的第八宮宮始點之間的距離，再從土星所在位置投射出去，就得到此特殊點。

第二個是**致命行星點**（*Lot of Killing Planet*），日間盤取上升度數主星至月亮的距離，夜間盤反之，再把此距離從上升位置投射出去。

第三個是**危險年份點**（*Lot of the Year of Danger*），在日間盤和夜間盤中，如果命主出生在[太陰]月的前半月，取自土星至[出生前]發光體會合星座之主星的距離，如果命主出生在[太陰]月的後半月，則取自土星至對分（滿月）星座之主星的距離，再把此距離從上升位

置投射出去。

第四個是**疾病部位點**（*Lot of Place of Sickness*），日間盤取自土星至火星的距離，夜間盤反之，再把此距離從水星所在位置投射出去，就得到此特殊點。

第五個是**痛苦點**（*Lot of Distress*），日間盤取自土星至水星的距離，夜間盤反之，再把此距離從上升位置投射出去。

第九宮有七個特殊點：

第一個是**旅行點**（*Lot of Travel*），日間盤和夜間盤均取自第九宮主星至以所在地緯度計算的第九宮宮始點之間的距離，再從上升位置投射出去。

第二個是**水上旅行點**（*Lot of Travel by Water*），日間盤取自土星至巨蟹座15度的距離，夜間盤反之，再把此距離從上升位置投射出去。如果土星正好落在此度數上，那麼該特殊點就在上升位置[18]。

第三個是**謙遜點**（*Lot of Humbleness*），日間盤取自月亮至水星的距離，夜間盤反之，再把此距離從上升位置投射出去。

第四個是**智慧點**（*Lot of Wisdom*），日間盤取自土星至木星的距離，夜間盤反之，再把此距離從水星所在位置投射出去，就得到此特殊點。

第五個是**知識點**（*Lot of Knowledge*），日間盤取自土星至木星的距離，夜間盤反之，把此距離從上升位置投射出去。

第六個是**預言點**（*Lot of Prophecies*）[19]，日間盤取自太陽至木星的距離，夜間盤反之，再把此距離從上升位置投射出去。

第七個是**真偽點**（*Lot of Whether the Matter is Ture or False*），

---

18 ｜ 因為自土星至巨蟹座15度的距離是0。
19 ｜ *hagadot*（הגדות）一詞也有「講故事」之意。

日間盤和夜間盤都取自水星至月亮的距離，再把此距離從上升位置投射出去。

第十宮有十一個特殊點：

第一個是**君主點**（*Lot of Kingship*），日間盤取自火星至月亮的距離，夜間盤反之，再把此距離從上升位置投射出去。

第二個是**勝利點**（*Lot of Triumph*），日間盤取自太陽至土星的距離，夜間盤反之，再把此距離從上升位置投射出去。如果土星正好位於太陽光束下，那麼日間盤就取自太陽至木星的距離，夜間盤反之，再把此距離從上升位置投射出去。

第三個是**建議點**（*Lot of Counsel*）[20]，日間盤取自水星至火星的距離，夜間盤反之，再把此距離從上升位置投射出去。

第四個是**慈善點**（*Lot of Philanthropy*），日間盤和夜間盤都取自水星至太陽的距離，再把此距離從上升位置投射出去。

第五個是**突然掌權點**（*Lot of Sudden Taking Over of Power*），日間盤取自土星至幸運點的距離，夜間盤反之，把此距離從上升位置投射出去。

第六個是**活動（或職業）點**（*Lot of Activity[or Profession]*），日間盤和夜間盤都取自土星至月亮的距離，再把此距離從上升位置投射出去。

第七個是**手工藝點**（*Lot of Work Done with the Hands*），日間盤取自水星至金星的距離，夜間盤反之，再把此距離從上升位置投射出去。

第八個是**必做工作（或行動）點**（*Lot of the Work[or Action] Which Must Be Done*），日間盤取自太陽至木星的距離，夜間盤反

---

20 | 這裡的希伯來文 *etza*（עצה）意思是諮詢或建議。它也代表「企圖或計畫做一些事情」。後者可能是在第十宮背景下更為準確的翻譯，也因為水星提供了智慧，而火星提供了行動。

之，再把此距離從上升位置投射出去。

第九個是***貿易（商業）點***（*Lot of Commerce[or Business]*），日間盤取自神秘（精神）點至幸運點的距離，夜間盤反之，再把此距離從上升位置投射出去。

第十個是***偉大點***（*Lot of Greatness*），日間盤取太陽至其旺宮度數（牡羊座19度）的距離，夜間盤取月亮至其旺宮度數（金牛座3度）的距離。如果日間盤太陽或夜間盤月亮正好落在自己的旺宮度數上，那麼該特殊點就在上升位置。

第十一個是***母親點***（*Lot of Mother*），日間盤取自金星至月亮的距離，夜間盤反之，再把此距離從上升位置投射出去。

第十一宮有十個特殊點：

第一個是***友人點***（*Lot of the Friend*）[21]，日間盤取自幸運點至神秘（精神）點的距離，夜間盤反之，再把此距離從上升位置投射出去。

第二個是***廣為人知點***（*Lot of Being Known Among People*），日間盤取自幸運點至太陽的距離，夜間盤反之，再把此距離從上升位置投射出去。

第三個是***繁榮點***（*Lot of Prosperity*），日間盤取自幸運點至木星的距離，夜間盤反之，再把此距離從上升位置投射出去。

第四個是***希望點***（*Lot of Hope*），日間盤取自土星至金星的距離，夜間盤反之，再把此距離從上升位置投射出去。

第五個是***家庭豐裕點***（*Lot of Abundance at Home*），日間盤和夜間盤都取自月亮至水星的距離，再把此距離從上升位置投射出去。

---

21 | 這就是著名的愛慾點（Lot of Eros），也稱為愛慕與和諧點（Lot of Love and Harmony）、友誼與愛慕點（Lot of Friendship and Love）等等。它並非針對性欲，而是針對和諧一吸引而言的。儘管古希伯來文偶爾會使用同一個詞代表愛人和朋友，例如「心愛的人」，但我在翻譯時盡量將它們稍加區別。

第六個是**靈魂自由點**（*Lot of Freedom of Soul*），日間盤取自水星至木星的距離，夜間盤反之，再把此距離從上升位置投射出去。

第七個是**讚美點**（*Lot of Praise*），日間盤取自木星至金星的距離，夜間盤反之，再把此距離從上升位置投射出去。

第八個是**渴望點**（*Lot of Desire*），日間盤取自幸運點至神秘（精神）點的距離，夜間盤反之，再把此距離從上升位置投射出去。

第九個是**變化點**（*Lot of Change*），日間盤和夜間盤都取自神秘（精神）點至水星的距離，再把此距離從上升位置投射出去。

第十個是**朋友點**（*Lot of Friends*），日間盤和夜間盤都取自水星至月亮的距離，再把此距離從上升位置投射出去。

第十二宮有兩個特殊點：

第一個是**敵人點**（*Lot of Enemies*），日間盤和夜間盤都取自第十二宮主星至以當地緯度計算的第十二宮宮始點之間的距離，再從上升位置投射出去。

以諾所說的第二個特殊點在日間盤中取自土星至火星的距離，夜間盤反之，再把此距離從上升位置投射出去。

宮位特殊點一共有七十一個（譯註：原文如此）。

獨立的特殊點有九個：

第一個是**壽數點**（*Lot of Numbers of Years of Life*），如果命主出生在[太陰]月的前半月，則取自發光體會合（新月）度數至本命月亮所在度數之間的距離，從上升位置投射出去。如果命主出生在[太陰]月的後半月，取自發光體對分（滿月）度數至本命月亮所在度數之間的距離，從上升位置投射出去。

第二個是**身體缺陷點**（*Lot of Defect in the Body*），日間盤取自幸運點至火星的距離，夜間盤反之，再把此距離從上升位置投射出去。

第三個是**延遲點**（*Lot of Delay*），日間盤和夜間盤都取自火星所在度數至以所在地緯度計算的第三宮宮始點之間的距離，再從上升位置投射出去。以諾認為，最恰當的計算方法是取自愛情點（Lot of Love）至水星的距離，再從水星所在位置投射出去，這才是該特殊點所在。

第四個是**欺騙點**（*Lot of Deceit*），日間盤取自水星至神秘（精神）點的距離，夜間盤反之，再把此距離從上升位置投射出去。

第五個是**所尋之處點**（*Lot of the Place Sought*），日間盤和夜間盤都取自土星至火星的距離，再從水星所在位置投射出去。

第六個是**接續點**（*Lot of Following*）（譯註：即報應點），[日間盤]取自火星至太陽的距離，夜間盤反之，再把此距離從上升位置投射出去。

第七個是**真相點**（*Lot of Truth*），日間盤取自水星至火星的距離，夜間盤反之，再把此距離從上升位置投射出去。

第八個是**威力點**（*Lot of Might*），日間盤取自土星至月亮的距離，夜間盤反之，再把此距離從上升位置投射出去。

第九個是**殺戮點**（*Lot of Killing*），日間盤取自上升主星至月亮的距離，夜間盤反之，再把此距離從上升位置投射出去。

在大會合[22]之年的（回歸）時刻（the time[return] of the Year of the Great Conjunction）上，想要瞭解國王的事務以及他們將統治多久，以下特殊點是必需。

其一是瞭解世界（歷史）的年份所必需的點，稱為**王國點**（*Lot of Kingdom*）。日間盤中取自火星至月亮的距離，再把此距離從大會合

---

22 ｜木星與土星。

之年的上升位置投射出去，此點代表國家的更替[23]。一些人用另一種方法提取此點，[即]取自[[[大]會合之年的年度週期盤]]的上升位置[[至大會合所在度數的距離，再將此距離從]][那一年的]年度週期盤[[上升位置投射出去]]。

另一些人以不同的方法提取此特殊點：[即]取相對太陽所在位置的中天[度數]至年度週期盤中天的距離（from [the degree of the] Midheaven vis-a-vis the place of the Sun to the Midheaven in the annual revolution）（埃普斯坦補充：此處含義不確定。希伯來文讀起來更像是「大會合之年的年度週期盤[春分盤]的中天至太陽的距離」），再將此距離從木星所在位置投射出去。

國王[統治]天數點（*Lot of the Number of Days [of Reign] of the Kings*），取自國王登基之年的太陽[24]至獅子座15度的距離，再從月亮所在位置投射出去。也可以取自月亮所在位置至巨蟹座15度的距離，再從太陽所在位置投射出去。

要知道這兩個特殊點總是落在相同行星的宮位（廟宮）內[25]，而如

---

23 ｜ 這個點以及下一個點都基於春分盤。[羅伯特·漢]
24 ｜ 不太清楚作者此處說的是太陽在春分點——牡羊座0度，還是太陽在登基盤中的位置。
25 ｜ 舉例：計算公式：第一個點＝月亮＋獅子座15°－太陽
　　　　　　　　　　第二個點＝太陽＋巨蟹座15°－月亮
假設：太陽在金牛座15°，月亮在雙子座15°。
第一個點：獅子座15°－太陽＝90°；月亮＋90°＝處女座15°＝特殊點
第二個點：巨蟹座15°－月亮＝30°；太陽＋30°＝雙子座15°＝特殊點
兩個特殊點的主星都是水星。

假設：太陽在雙魚座15°，月亮在摩羯座15°。
第一個點：獅子座15°－太陽＝150°；月亮＋150°＝雙子座15°＝特殊點
第二個點：巨蟹座15°－月亮＝180°；太陽＋180°＝處女座15°＝特殊點
兩個特殊點的主星都是水星。

假設：太陽在金牛座15°，月亮在射手座15°。
第一個點：獅子座15°－太陽＝90°；月亮＋90°＝雙子座15°＝特殊點
第二個點：巨蟹座15°－月亮＝210°；太陽＋210°＝射手座15°＝特殊點
兩個特殊點的主星都是木星。

果其中之一落在一個發光體的廟宮，那麼另一個點會落在另一個發光體的廟宮。

另一個**國王登基之年的特殊點**（*Lot in the Year of the King's Ascendancy*），日間盤取自木星至土星的距離，夜間盤反之，再把此距離從年度週期盤的上升位置投射出去。如果木星正好落在雙體星座，且週期盤是日間盤，木星又在果宮，那麼取自土星至木星的距離，再把此距離加30度後從上升位置投射出去。如果土星正好對分木星且它們都落在果宮，那麼取它們之間距離的一半，再從上升位置投射出去。如果木星落在有尊貴力量的宮位，且週期盤是夜間盤，則取木星至土星的距離，再從上升位置投射出去。

兩個**偉大點**（*Great Lots*）：其一是觀察在國王登基之年，發生在登基之前的三方星座大會合[26]已經走到了哪裡——以每30度為一年、每2½度為一個月計算。通過計算得出這個度數，這是你確定第一個點的依據。[現在你需要]觀察國王登基年之週期盤中的土星或木星，看哪一顆行星相對於太陽是東出的，取其在年度週期開始之時的位置與我上面所提及的度數之間的距離，將此間距從年度週期開始時的上升位置投射出去，即得到該特殊點。

第二個點是觀察年度週期盤中的土星與木星，看誰相對於太陽西入，取其與上面提到的用於確定第一個點的度數之間的距離，再把此距離從年度週期盤上升位置投射出去。

雨水點（*Lot of Rain*）：日間盤從發光體會合（新月）度數起算至月亮所在度數的距離，夜間盤從月亮起算至這個會合度數的距離，再

---

26 ｜ 也就是說，*在該組三方星座中*的第一個大會合。

把此距離從早晨或夜晚[27]的上升星座投射出去，所落之處就是此點所在。現在，如果任何一顆星辰（行星）與此點一起落在始宮之一，便知當月亮抵達此星辰的位置時就會下雨。在每個被月亮所落星座主管的國家，這都會[真實]發生。

以諾稱，每天取自太陽至土星的距離，在早晨從月亮所在的位置投射出去，就是此特殊點所在，這已經過測試。若此特殊點落在土星的廟宮之一，天氣將是寒冷的；若在木星的廟宮之一，會有風；若在火星的廟宮之一，會是炎熱的；若在金星的廟宮之一，則會下雨或起霧；若在水星的廟宮之一，會有強風；若在月亮的廟宮，會多雲或下雨；若在太陽的廟宮，空氣將是純淨的。

事情是否發生點（*Lot of Whether a Matter Will Como To Pass*）：取太陽至時主星的距離，將其乘以白天或夜晚已經過去的所有扭曲的小時數[28]，並將結果保存下來。隨後按當地緯度取時主星所在星座的赤經上升，乘以70，再將結果除以12。把此結果加到之前保存的[數值]上，將合計值從時主星所在位置投射出去，就得到這個特殊點。

以下是**在每一個週期盤中，用於瞭解所有事物是否會更貴或更便宜的特殊點**，你應該這樣做：

尋找特殊點所在位置的主星，若它逆行，或被焦傷，或在年度週期盤中相對於上升位置而言從尖軸下降（果宮），那麼不論這個特殊點代表什麼，都會是便宜的。如果特殊點所在宮位的主星有力量或位

---

27 | 短語「早晨或夜晚」的確切含義不甚清晰。拉丁文文本也是與此完全一致的表達。我們知道這個特殊點的計算公式隨日間盤和夜間盤而變化。一個可能的詮釋是，此特殊點應該只在日出或日落時刻投射而形成，而這也是唯一合理的解釋。令人遺憾的是，我們沒有其他任何類似此特殊點的計算公式可以用來參考。[羅伯特·漢]

28 | 係指不均等的小時，日光時。

於中天，那麼它代表的事物會變得昂貴。當特殊點所在宮位的主星來到有尊貴力量的宮位，那麼價格會上漲，若它[來到]必然無力的宮位，則情況相反。若吉星之一與特殊點形成相位，此點代表的商品將增多；若凶星與它形成相位，那麼商品會減少甚至被摧毀。

水點（*Lot of Water*）取自月亮至金星的距離。

小麥點（*Lot of Wheat*）取自太陽至火星的距離。

大麥點（*Lot of Barley*）取自月亮至木星的距離。

豌豆點（*Lot of Peas*）取自金星至太陽的距離。

扁豆點（*Lot of Lentils*）取自火星至土星的距離。

豆子點（*Lot of Beans*）取自土星至火星的距離。

黃油點（*Lot of Butter*）取自太陽至金星的距離。

蜂蜜點（*Lot of Honey*）取自月亮至太陽的距離。

大米點（*Lot of Rice*）取自木星至土星的距離。

橄欖點（*Lot of Olives*）取自水星至月亮的距離。

葡萄點（*Lot of Grapes*）取自土星至金星的距離。

棉花點（*Lot of Cotton*）取自水星至金星的距離。

西瓜點（*Lot of Watermelons*）取自水星至土星的距離。

酸食點（*Lot of Sour Foods*）取自土星至火星的距離。

甜食點（*Lot of Sweet Foods*）取自太陽至金星的距離。

辣食點（*Lot of Spicy Foods*）取自火星至土星的距離。

苦食點（*Lot of Bitter Foods*）取自水星至土星的距離。

酸瀉草藥點（*Lot of Medicinal Herbs that are Sour and Laxative*）取自土星至[[木星]]的距離。

鹹草藥點（*Lot of Medicinal Herbs that are Salty*）取自火星至月亮的距離。

致命毒藥點（*Lot of Deadly Poison*）取自北交點至土星的距離。

以上所有特殊點都是從上升點投射出去而形成的。

古人提取我們提到的這些特殊點有兩個原因。其一是因為在所有地點以及每個時刻，行星間以會合或相位彼此融合有很多種方式，隨之會產生好或壞的影響。[因此，]由代表相同事物的兩顆行星所構成的特殊點有更明顯的力量。例如太陽和土星，二者都代表父親，因此我們需要知道任何時刻它們之間的距離，以便查看與父親有關的事項。第二個原因是每一件由星辰代表的東西都需要兩個或三個見證者。現在，證明可能存疑，因為可能一顆行星是夜間行星，而另一顆是日間行星，那麼一顆行星會強於另一顆，又或者一顆行星代表事情的開始而另一顆行星代表結束。因此我們需要提取特殊點。

特殊點[基]於三個組成部分。其中兩個是固定的，第三個是變化的。第一個固定的[組成部分]是特殊點的起算點，第二個是計算的終止點，第三個是變化的上升點，因為它會隨時刻而改變。我們必須從上升點投射出去以形成這些特殊點，因為上升點代表行動的開始。它們也可以由代表該事項宮位的宮始點投射出去而形成。

這些特殊點是以均等度數提取的[29]。因為行星在黃道大圈上運行，當人們說行星落在某個星座和某個度數，[[以及上升點]]落在某個星座時，[說的是]它們的均等度數[30]。因此，特殊點是根據[[均等]]度數計算的。只有[星座的]赤經上升度數是[不均等的]，因為它們是更高層天球上的度數，更高層天球在黃道大圈以上，並以它的兩軸

---

29 | 與此相反，如果我們以斜升（oblique ascension）來計算，那麼得到的就是不均等的度數。

30 | 一些更現代的占星師，如詹姆斯·威爾遜（James Wilson）堅持認為，幸運點應該以斜升來計算。顯然伊本·伊茲拉不同意。[羅伯特·漢]

轉動黃道大圈。因此,正如古人在本命、卜卦和擇時時所做的那樣,
所有相位都是以黃道大圈上的均等度數來計算的。他們觀察到,當月
亮通過以均等度數計算的相位對另一顆行星施加影響時,無論在四分
相、三分相或六分相下,他們的判斷總是正確的。我們也採取同樣的
方式並獲得了成功。

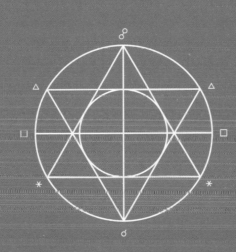

智慧的開端
———
第十章[1]

第十章[介紹]相位和向運法（directions）。

要知道，向運法[對於]相位也有兩種計算方式。第一種是根據星座在每個國家的赤經上升計算相位。第二種是根據星座中的度數計算相位，這些度數在每個國家都是相同的。

如果行星在上升點，你應根據該地點星座的赤經上升來推進它。如果行星在第七宮宮始點，那你應該[使用]它的對調度數，即它對面的度數[2]來推進它。如果行星在中天線的始點或第四宮宮始點，那你應該以星座在赤[經]大圈上的赤經上升來推進它，這是以諾的觀點[3]。

根據所有占星師的說法，第二種方式是：對於需要推進的任何行星或特殊點，不論它們落在星盤的什麼位置，你都應該在黃道大圈而不是赤[經]大圈上以均等度數推進它們。這種方法已經被嘗試了無數次，且正確無誤。因此，對分相永遠是180度，三分相是120度，四分相是90度，六分相是60度，它們全都是均等度數。如果行星在黃道上，這是正確的，但如果行星有黃緯，就会有偏差。這是巴塔尼（Albatani）[4]在他的書中提出的觀點，也是所有古人[和那些]後繼者的觀點。

運用這些向運法的原因是，當你將一顆行星或一個度數推進至另一顆行星的星體或其光線的某個相位時，[你將能夠]知道它們之間相隔了多少年。通過向運法，可以瞭解降臨於國王的一切吉與凶，一個王國征服另一個王國，以及世界發生的整體變化，尤其是從惡到善和從善到惡的改變。

向運法有五種。[其一，]用以瞭解世界的整體事務，如摧毀性

---

2 ｜ 等同於使用該度數本身的斜降（oblique *descension*）。[羅伯特 · 漢]
3 ｜ 也是托勒密的觀點。
4 ｜ 他的拉丁名字是Albategnius。[羅伯特 · 漢]

的洪水和乾旱，或國家事務，如戰爭、新的法律。[以此為目的]的第一種向運法中，每一個星座影響世界1000年，其中每一年對應1[分]48秒[5]。

第二[種]向運法是在千年範圍內的向運，它預示著每個地區和每個民族發生的一切。[在此方法中，]每一個星座影響世界100年，此向運法中每一年對應18分。

第三種向運法是在百年範圍內的向運，它預示著每個國家和每個家庭發生的一切。[在此向運法中]每一個星座影響世界10年，每個人受一個星座的影響也持續10年，直到120歲。此向運法中每一年對應3度。

第四種方法稱為Al-fardar向運法，對於世界的事務，它的推進如下所述。如果一顆行星的古老的[6]擁有尊貴力量的宮位是牡羊座的對宮（any planet whose ancient house of dignity is opposite of the sign of Aries），就從該行星開始。對於出生在日間的人，從太陽開始，出生在夜間的人則從月亮開始。Al-fardar向運法的時間總數為75[7]。

第五種是關於單一[年份]世俗事務的向運法，用以瞭解每年會發生什麼。在本命盤中也一樣，每一年受一個星座影響，這個星座被

5 │ 這個系統在阿布·馬謝的著作中被稱為 *Intiha'at*，單數形式為 *Intiha*。最大的 *Intiha* 就是前面段落所描述的那一個。接下來的段落分別描述了大的和中等的 *Intiha'at*。幾個段落後描述了小的 *Intiha*，而與它一同被提及的明顯就是一個星座代表一年的小限法。這個系統是否在一定程度上是對小限法的邏輯擴展？參見大衛·賓格瑞的《阿布·馬謝千年論》，倫敦：瓦爾伯格學院，1968年，第60頁。

6 │ 詞語「*kadmon*（קדמון）」的意思是「古老的」，在文中它可能表示「先前的」。其中詞根「（קדם）」也用於表示「東方」（因為東方在西方之前），同時也用於表示「前面」或「之前」的辭彙中。（埃普斯坦補充：因此這裡更像是指「更東方的」或「更靠前的」，而不是「古老的」。但我仍不清楚行星到底應位於星盤中的何處，會不會是指一顆先於牡羊座升起的擁有尊貴力量的行星呢？但無論如何，顯然該向運法在世運占星中的使用與本命占星是不同的。）

7 │ 這個系統與比魯尼及其他中世紀占星作者所述的法達運程法有一些不同，因為行星不遵循迦勒底秩序。[羅伯特·漢]

稱為「完成一個週期的星座」。完成這種向渾法需要12年，一年對應30度，即一個星座的度數。推進大會合[也]應該如此，土星和木星的會合從一組三方星座移動到另一組三方星座，直至960年後回到它們的最初位置。[在這種情形下]每一年對應22分16秒又5個1/60秒（5 thirds）[8]。你也應該推進中會合，即上面提到的會合從一組三方星座變化到另一組三方星座，每240年發生一次。在這種情形下每一年對應1度29分4秒。你還應該推進小會合，即[上面]提到的會合在同一組三方星座中由一個星座變化到另一個星座，人約每20年發生次。在這種情形下每一年大約對應28度。

還有一種應用於個人本命盤和世界年度週期盤的向運法，即從上升位置推進至一顆行星的星體，或全該行星在某個特定星座的相位，或至某個特定度數，每一度代表一年。特殊點的推進與星座的[順序]相反，如托勒密在《果實之書》（*Book of Fruit*）[9]中所述。

十個章節至此全部結束。讚美萬物的造物主，賜予作者力量，使他得以在四九零八年塔模斯（Tamuz）月完成[它們]。

最後，最後，讚美永恆的上帝。

---

8 | 此處的thirds是比秒的更小單位。這個想法是把960年的時間等同於星座的一個週期，因此360除以960等於每一年0度22分30秒。

9 | 這是（偽托）托勒密的著作《金言百則》（*Centiloquy*）的傳統名稱。但是，我在其中並沒有找到關於特殊點向運法的任何內容。

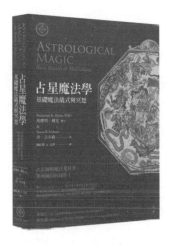

2017 年

占星魔法學
──基礎魔法儀式與冥想

作者／班傑明‧戴克博士
　　　（Benjamin N. Dykes, PHD）
　　　珍‧古布森（Jayne D. Gibson）
譯者／陳紅穎、孟昕

　　身為凡夫，我們都投生於不完美的星盤底下，看見自身的欲望、無知、脆弱、匱乏、自欺的習性，上天創造這些缺憾，是為了讓我們持續前行。本書為了占星師、有志於提升靈性者、魔法愛好者而量身打造。讀者若能確實照書中儀式施行，能與內在靈性連結，提升自身的覺知，接納小我的不完美，連通完美的宇宙意識。

　　書中的魔法儀式結合所有元素、行星、星座、塔羅冥想等神秘學知識。每一個行星及星座，皆有其對應的塔羅牌，書中對於隱含在行星與星座的精神力量，有深刻的描寫，讓讀者能深入瞭解背後意涵，也能協助占星師更掌握星座與行星的本質與樣貌。

　　本書也將教導古典占星中的簡易擇時概念，以利挑選進行魔法儀式的良辰吉時，熟悉書中所有魔法儀式後，你將瞭解如何祈請元素、行星與星座的神秘力量，甚至能根據自我靈性的成長需求，為獨特的自己打造專屬的魔法儀式。

2018 年

古典醫學占星
——元素的療癒

作者／奧斯卡·霍夫曼
　　　（Oscar Hofman）

譯者／李小祺

　　長久以來，歐洲醫學一直與占星學息息相關。在古代沒有涉獵占星學的醫者，會被視為對醫學一無所知，這樣的醫者為病人帶來的可能是傷害而不是療癒。十八世紀早期，因為科學方法的崛起，致使古典醫學占星最終被擱置一旁無人聞問，這項古老傳統因此被烙上危險迷信的印記。

　　然而，二十一世紀初期的現在，古典醫學占星已重回固有地位，不再流離失所，蓄勢待發地準備再次證明自己的偉大價值和實用的有效性。許多人因為根據星盤做出的判斷和療程計畫而得到療愈。

　　在這本書中，猶如百寶箱的古典醫學占星首度于現代重新開啟。書中清楚且實際地解釋用於病情判斷、預後推估和療程的占星方法，完全沒有避重就輕。

　　即使未專精于現代醫學知識 ，只要是能夠解讀星盤的占星師，都有可能提供協助並帶來療愈。

2019 年

選擇與開始
——古典擇時占星

作者／班傑明·戴克博士
　　　　（Benjamin N. Dykes, PHD）

譯者／邰捷

　　擇時經典名著，兩千年來從希臘文至波斯文、阿拉伯文、拉丁文、英文，終於傳承至中文！

　　選擇吉時去開始一件事，即擇時，是古典占星學的一個重要分支。《選擇與開始》是迄今為止古典擇時占星領域篇幅最長的一部現代語言著作集。

　　本書由班傑明·戴克博士自中世紀拉丁文翻譯而成，包含有關月宿與多種行星時的論述，以及三部最為重要的論述「完善的」擇時之古典著作——薩爾《擇日書》、伊朗尼《抉擇之書》、里賈爾《行星判斷技法》VII。

　　本書還附有長篇緒論，甚至分析了擇時占星涉及的倫理與哲學議題，這對於當代占星師來說亦是十分必要的。

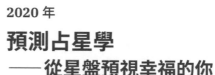

2020 年

預測占星學
——從星盤預視幸福的你

作者／奧內爾·多塞（Öner Döşer）

譯者／巫利（Moli）、陳萌

　　預測存在於生活的所有領域當中，因人類邁向未知時總會步步為營。毋庸置疑，預測在占星學裡是個極為重要的領域；事實上，它就是占星學的核心。為作出精確預測，便需要像藝術家對待其作品般進行詳盡精巧的研究。因此，古代占星師經常稱占星學為「神聖的藝術」。只有將技法與藝術融合為一，才能做出準確的預測。

　　現代占星師雖然廣泛使用預測方法，古典占星學裡的一些預測方法卻尚未普及至為人熟悉。事實上，古典占星學的預測方法憑藉高度準確性，為占星學作出巨大貢獻。在現代占星學及心理學概念的新趨勢中，這些預測方法應被結合使用。

　　書中除了涵蓋古典預測方法，還詳細介紹了其他方法，如過運法、次限推運法、太陽弧向運法、太陽回歸法、月亮回歸法，以及其他回歸圖和蝕相。本書旨在為所有古典及現代預測方法提供一個寬廣視角，附以案例星盤及解說，以幫助占星工作者作出準確預測。希望我們能夠藉本書實現此一目標。

2021 年

西頓的都勒斯：占星詩集
（烏瑪·塔巴里譯本）

作者／班傑明・戴克博士
　　　　（Benjamin N. Dykes, PHD）

譯者／陳紅穎

　　活躍於西元一世紀的占星師都勒斯（Dorotheus of Sidon）所著作的《占星詩集》（Carmen Astrologicum）對後世的波斯、阿拉伯及拉丁占星學扮演十分關鍵的角色，成為之後的本命、擇時與卜卦占星等文獻——例如《亞里士多德之書》（Book of Aristotle）、里賈爾（al-Rijāl）《行星判斷技法》以及薩爾·賓·畢雪（Sahl b. Bishr）的著作等——的基礎。本書曾在西元三世紀翻譯成波斯文，並由後來的占星名家烏瑪·塔巴里（Umar al-Tabarī）翻譯為阿拉伯文。

　　英文的版本則由塔巴里版本翻譯而來，內容涵蓋許多都勒斯著作中重要的特色，例如三分性主星的應用、過運、小限法、赤經上升時間及其它。書中還有許多的附註、圖表、以及希臘文獻《摘錄》（Excerpts）（由埃杜阿爾多·格拉馬格利亞 [Eduardo Gramaglia] 所翻譯），超越了 1976 年由學者賓格瑞（Pingree）所翻譯的版本，是古典占星的學習者必備的基礎著作，值得一再研究品味。

亞伯拉罕·伊本·伊茲拉

智慧的開端
Avraham Ibn Ezra
The Beginning of Wisdom

英文譯註｜梅拉·埃普斯坦（Meira B. Epstein）
英文編註｜羅伯特·漢（Robert Hand）
中文譯者｜邢欣
審　　譯｜韓琦瑩、郜捷
編　　輯｜郜捷
責任編輯｜李少思

版　　權｜郜捷
行銷企劃｜李少思
總 編 輯｜韓琦瑩
發 行 人｜韓琦瑩

出　　版｜星空凝視文化事業有限公司
發　　行｜星空凝視文化事業有限公司
銀行帳號｜【台灣】玉山銀行(808) 成功分行收款帳號：0510-940-159890
　　　　　收款戶名：星空凝視文化事業有限公司
　　　　　【大陸】招商銀行上海常德支行收款帳號：6232620213633227
　　　　　收款戶名：魚上文化傳播 (上海) 有限公司
訂購服務｜skygaze.sata@gmail.com
地　　址｜11049 臺北市信義區莊敬路 186 號
服務信箱｜skygaze.sata@gmail.com

內頁版型｜張曉君
封面設計｜米星Studio 231742409@qq.com
印　　刷｜佳信印刷有限公司
總 經 銷｜星空凝視文化事業有限公司

初　　版｜2021 年 9 月
定　　價｜480 元

ISBN 978-986-98985-2-2

國家圖書館出版品預行編目（CIP）資料

亞伯拉罕. 伊本. 伊茲拉：智慧的開端 / 梅拉. 埃
普斯坦 (Meira B. Epstein) 英文譯註；羅伯
特. 漢 (Robert Hand) 英文編註；邢欣中文譯.
-- 初版. -- 臺北市：星空凝視文化事業有限公司,
2021.09

208 面；15×21 公分

譯自：Avraham Ibn Ezra：the beginning of
　　　wisdom.

ISBN 978-986-98985-2-2(平裝)

1. 占星術

292.22　　　110013389